Langues pour tous

Collection dirigée par
Jean-Pierre Berman, Michel Marcheteau et Michel Savio

tou !

par

Alessandra Chiodelli - Mc Cavana

1 version sonore (non vendue séparément)
est disponible en coffret (1 livre + 1 CD)

Présentation

L'Italien tout de suite ! est un ouvrage qui ne nécessite aucune connaissance grammaticale et linguistique préalable ! Il est destiné à tous ceux qui, pour une raison ou une autre, n'ont pas le temps de se consacrer à un apprentissage systématique de l'italien.

• Il s'agit donc d'un manuel court, conçu pour aider à exprimer un certain nombre de messages simples et pratiques.

• Il part de formules et d'expressions en français dont il propose l'équivalent en anglais. Ainsi, dès la première unité de ce livre vous pouvez être opérationnel tout de suite.

L'Italien tout de suite comprend deux parties :

• **Partie A**, de 1 à 20 : Vingt unités de quatre pages construites autour de formules de grande fréquence : ***je suis, je voudrais, combien*... ?, *comment*... ?, *pourquoi*... ?**, suivies d'un vocabulaire de base le plus concret possible.

➨Des explications et des remarques élémentaires viennent s'y ajouter, renforcées par des exercices avec correction instantanée **et des points de civilisation**.

• **Partie B**, de 1 à 20 : Vingt unités présentent le vocabulaire par centres d'intérêt : ***nourriture, logement, transport, santé***, etc.

➨Des exercices corrigés utilisent les structures et les formules proposées dans la partie A auxquelle s'ajoutent **des informations pratiques**.

➨En fin de volume, un mémento grammatical permet un survol des conjugaisons et présente des tableaux d'éléments de base. Un **lexique** d'un millier de mots peut être utilisé comme dictionnaire de poche dans les deux sens (italien-français, français-italien).

Conseils d'utilisation

• **Partie A** : vous pouvez soit l'étudier systématiquement pour vous initier rapidement aux structures les plus courantes de l'italien, soit, en cas d'urgence, recourir directement à la structure dont vous avez besoin, par exemple A11 : ***« Je veux »***, ***« Je voudrais »***... et la mettre tout de suite en application.

• **Partie B** : vous pouvez soit étudier systématiquement les différents secteurs de vocabulaire qui vous sont proposés, soit choisir celui dont vous avez besoin TOUT DE SUITE.

Enregistrement

(CD) Un CD d'environ une heure vous permet de vous familiariser avec la prononciation de l'italien en écoutant et en répétant les **modèles de phrases de la partie A.**

Les index du (CD) vous permettent d'accéder directement aux leçons.

Tableau des principaux signes utilisés pour la prononciation de l'italien

Les voyelles et consonnes qui ne figurent pas dans ce tableau ne présentent aucune difficulté de prononciation. Le symbole de transcription en est évidemment la lettre elle-même.

Pour plus de détails sur la prononciation, notamment celle des lettres de l'alphabet italien, voir le mémento grammatical, page 128.

lettre(s)	son(s)	exemples
c	[k] devant **a**, **o**, **u**	caffè [kaffè]
	[tch] devant **e**, **i**	c'è [tchè], ci [tchi], ciao [**tcha**o]
ch	[k]	chiave [**kia**vé], poche [**po**ké]
e	[é] ou [è]	e [é] *et*, è [è] *est*
g	[gu] devant **a**, **o**, **u**	agosto [a**gos**to]
	[dj] devant **e**, **i**	giornale [djor**na**lé]
gh	[gu]	ghirlanda [guir**lan**da]
gli	[lyi}	gli [lyi], bagagli [ba**ga**lyi]
gn	[gn]	bagno [**ba**gno]
gu	[gou]	guasto [gou**as**to]
qu	[kou]	quarto [kou**ar**to]
s	[s] ou [z]	mese [**mé**zé] ou [**mé**sé] selon région
sc	[ch] devant e, i	sciare [chi**a**ré], scelta [**chèlta**]
u	[ou]	uomo [ou**o**mo]
z	[ts] ou [dz]	silenzio [si**lèn**tsio], zio [dz**i**o]
zz	[tts] ou [ddz]	ragazza [ra**ga**ttsa], pizza [**pi**ddza]

Rappels :

• L'accent de mot, ou *accent tonique*, figure en gras dans la transcription de la prononciation. Lorsque celle-ci n'est plus donnée systématiquement dans le manuel (à partir de l'unité A12) toute syllabe autre que l'avant-dernière portant l'accent tonique est soulignée.

• Lorsque l'accent tonique porte sur la dernière syllabe d'un mot italien, celle-ci s'écrit toujours avec un accent grave.

ISBN : 978-2-266-17002-4

Sommaire

Partie A – Parte A

Indice

Partie B – Parte B

Je suis

français/française

jeune

étranger/étrangère

fatigué/fatiguée

content/contente

étonné/étonnée

vieux/vieille

désolé/désolée

malade (je suis mal)

intéressé/intéressée (ça m'intéresse)

étudiant/étudiante

médecin

avocat

en forme (je suis bien)

en avance

en retard

en voyage

en vacance

Sono

	francese	[fra-n**tché**zé]
[**so**no]	**giovane**	[**djo**vané]
	straniero/straniera	[stra**nié**ré/a]
	stanco/stanca	[**sta-n**ko]
	contento/contenta	[co-n**tè-n**to/a]
	stupito/stupita	[stou**pi**to/a]
	vecchio/vecchia	[**vè**k-kio/a]
	dispiaciuto/dispiaciuta	[dispia**tchou**to/a]
	ammalato/ammalata	[am-ma**la**to/a]
	(sto male)	[sto **ma**lé]
	interessato/interessata	[i-ntérés-**sa**to/a]
	(mi interessa)	[mi i-nté**rés**-sa]
	studente/studentessa	[stou**dèn**te/stoudèn**tés**-sa]
	medico	[**mè**diko]
	avvocato	[av-vo**ka**to]
	in forma (sto bene)	[in **for**ma] [sto **bé**né]
	in anticipo	[a-n**ti**tchipo]
	in ritardo	[ri**tar**do]
	in viaggio	[vi**a**dj-djo]
	in vacanza	[va**ka**-ntsa]

■ *Je suis*, **sono**, vient du verbe **essere** [**ès**-séré], *être*

(io)	[io]	**sono**	[**so**no]	*je suis*
(tu)	[tou]	**sei**	[sèï]	*tu es*
(lui/lei)	[louï/lèï]	**è**	[è]	*il/elle est*
(noi)	[noï]	**siamo**	[siamo]	*nous sommes*
(voi)	[voï]	**siete**	[si**é**té]	*vous êtes*
(loro)	[**lo**ro]	**sono**	[**so**no]	*ils/elles sont*

■ **REMARQUES**

• *Je, tu, il/elle* … Les pronoms personnels ne sont jamais utilisés en italien, sauf pour marquer une différence entre deux sujets, par exemple : **IO sono italiano**, **TU sei francese** : *moi, je suis italien, toi, tu es français*).

• *Je suis* et *ils sont* ont la même forme, mais il faut toujours accorder l'adjectif qui suit, par exemple :

sono italiano [ita**lia**no], *je suis italien*
sono italiani, [ita**lia**ni], *ils sont italiens*

■ LA FORME INTERROGATIVE est identique à la forme déclarative ou affirmative; il n'y a donc pas de différence de construction. On la reconnaît à l'intonation montante : *Tu es étudiant*, **sei studente**; *es-tu italien ?* **Sei italiano ?**

➡ **RETENEZ AUSSI**

Sei arrabbiato? [sèï ar-ra**bia**to]	*Es-tu fâché ?*
Siamo lontani da Pisa? [lo-n**ta**no da **pi**za]	*Sommes-nous loin de Pise ?*
E' in orario? [è in o**ra**rio]	*Est-il à l'heure ?*
Siete in appartamento? [si**é**té in ap-parta**mèn**to]	*Êtes-vous en appartement ?*
Sono in macchina? [**so**no in **mak**-kina]	*Suis-je en voiture ?* *Sont-ils en voiture ?*

1. Que veut dire en français ?

a) E' stanco.
b) Siete contenti?
c) Mi dispiace.
d) Sono in ritardo.
e) Siamo giovani.
f) Sei in anticipo.

2. Comment dites-vous en italien ?

a) *Vous êtes fatigués.*
b) *Nous sommes fâchés.*
c) *Êtes-vous français ?*
d) *Ils sont italiens.*
e) *Je suis vieux.*

SOLUTIONS

1. a) *Il est fatigué*
b) *Êtes-vous contents ?*
c) *Je suis désolé.*
d) *Je suis/ils sont en retard.*
e) *Nous sommes jeunes.*
f) *Tu es en avance.*

2. a) **Siete stanchi.**
b) **Siamo arrabbiati.**
c) **Siete francesi?**
d) **Sono italiani.**
e) **Sono vecchio.**

Où parle-t-on italien ?

L'italien est une langue latine parlée par 58 millions d'Italiens, bien sûr, mais aussi par une minorité de Suisses, 600 000 environ, dans le *Canton du Tessin* (**Ticino**), et le *Canton des Grisons* (**Grigioni**).
Toute la population italienne peut aujourd'hui comprendre et s'exprimer en italien, ce qui n'était pas le cas il y a encore 40 ans, quand la majorité des Italiens parlait encore le dialecte local. Le taux d'analphabétisme est très bas de nos jours et ne dépasse pas 1,50 %.
Les habitants des régions frontalières sont souvent bilingues : italien-français en *vallée d'Aoste* (**Val d'Aosta**), italien-allemand en *Haut-Adige* (**Alto Adige**), italien-slave dans le *Frioul* (**Friuli**).

A2 J'ai

J'ai froid
chaud
soif
faim
sommeil

confiance
peur
tort
raison
je suis pressé (mot à mot *j'ai hâte*)

l'adresse
(de) la monnaie
un fils et une fille
une grande voiture
une belle chambre
un travail intéressant

deux mois de vacance
25 ans
beaucoup / peu de temps

Ho

Ho	**freddo**	[**frè**d-do]
[o]	**caldo**	[**kal**do]
	sete	[**sé**té]
	fame	[**fa**mé]
	sonno	[**son**-no]
	fiducia	[fidou**tchi**a]
	paura	[pa**ou**ra]
	torto	[**tor**to]
	ragione	[ra**djo**né]
	fretta	[**frèt**-ta]
	l'indirizzo	[i-ndi**rit**-tso]
	gli spiccioli	[lyi **spi**-tcholi]
	un figlio e una figlia	[oun **fi**lyio é **ou**na **fi**lyia]
	una macchina grande	[**mak**-kina **gra**-ndé]
	una bella camera	[**bèl**-la **ka**méra]
	un lavoro interessante	[la**vo**ro intérés-**sa**-nté]
	due mesi di vacanza	[**doué mé**zi di va**ka**-ntsa]
	25 (venticinque) anni	[**vé**-nti **tchi**-nkoué **an**-ni]
	molto/poco tempo	[**mol**to/**po**ko **tè**-mpo]

■ **Ho**, *j'ai*, vient du verbe **avere** [av**è**ré], *avoir*

(io)	**ho**	[o]	*j'ai*
(tu)	**hai**	[aï]	*tu as*
(lui/lei)	**ha**	[a]	*il/elle a*
(noi)	**abbiamo**	[ab-**bia**mo]	*nous avons*
(voi)	**avete**	[a**vé**té]	*vous avez*
(loro)	**hanno**	[**an**-no]	*ils ont*

■ **REMARQUES**

- Le ***h*** étant toujours muet en italien, il n'est donc pas prononcé; c'est le cas ici dans **ho**, **hai**, **ha**, **hanno.**
- **Ho, hai, ha, hanno** sont les seuls mots qui commencent par ***h*** en italien.
- Ne confondez pas **è** (3ème personne du singulier du verbe *être*, **essere**, à l'indicatif présent) et la conjonction *et*, **e**, qui s'écrit sans accent.

➡ **RETENEZ AUSSI**

beaucoup de	**molto**	[**mol**to]
peu de	**poco**	[**po**ko]
assez de	**abbastanza**	[ab-bas**ta**-ntsa]

Abbiamo abbastanza soldi ? *Avons-nous assez d'argent ?*
Hai poco tempo *Tu as peu de temps*
Avete molto freddo ? *Avez-vous très froid?*
Hanno molto denaro *Ils ont beaucoup d'argent*

1. Que veut dire en français ?

a) Ha fame.
b) Hanno ragione.
c) Abbiamo l'indirizzo?
d) Ha torto!
e) Hai due (2) figli e due figlie.
f) Ha un lavoro interessante.

2. Comment dites-vous en italien ?

a) *Ils ont une très grande voiture ?*
b) *Nous avons sommeil.*
c) *J'ai de la monnaie.*
d) *Avez-vous beaucoup d'argent ?*
e) *As-tu l'adresse ?*

SOLUTIONS

1. a) *Il (elle) a faim.*
b) *Ils ont raison.*
c) *Avons-nous l'adresse ?*
d) *Il (elle) a tort.*
e) *Tu as deux fils et deux filles.*
f) *Il a un travail intéressant.*

2. a) **Hanno una macchina molto grande**
b) **Abbiamo sonno.**
c) **Ho spiccioli.**
d) **Avete molti soldi?**
e) **Hai l'indirizzo?**

La géographie de l'Italie

L'Italie est une péninsule de 301 000 km, avec une charpente montagneuse principale : les *Alpes* (**Alpi**) au nord qui forment un arc est-ouest, et les *Apennins* (**Appennini**) qui la parcourent du nord au sud. Ses 7 500 km de côtes, sableuses à l'est et rocheuses à l'ouest, ses îles et archipels, son climat doux au centre et au sud, ses beautés naturelles et artistiques, et sa langue chantante attirent près de trente millions de touristes chaque année.

La *plaine du Pô* (**Pianura Padana**) au nord, très fertile, suit le cours du fleuve d'ouest en est, sur près de 600 km. L'agriculture y est très riche : blé, riz, maïs, betteraves ; on y trouve de grands élevages de vaches laitières et de porcs, pour la production, entre autres, du *fromage parmesan* (**Parmigiano Reggiano**) et du *jambon de Parme* (**prosciutto di Parma**). Ailleurs en Italie, dans les collines, on produit de l'huile d'olive, du vin, du fromage de chèvre et de brebis, et on cultive des fruits et des légumes.

A3 Je ne suis pas - Je n'ai pas

Je ne suis pas

italien/italienne
content/contente
prêt/prête
fatigué/fatiguée
marié/mariée

en vacance
en retard
à la maison
au bureau
à moto

Je n'ai pas

faim
sommeil
beaucoup de temps
un chien/un chat
de bagages avec moi
de ticket/de billet
le téléphone dans la chambre
de vélo
de réservation
compris. Pouvez-vous répéter?

A3 Non sono - Non ho

Non sono

italiano/italiana	[italiano/a]
contento/contenta	[ko-**nté**-nto/a]
pronto/pronta	[**pro**-nto/a]
stanco/stanca	[**sta**-nko/a]
sposato/sposata	[spo**za**to/a]
in vacanza	[va**ka**-ntsa]
in ritardo	[ri**tar**do]
in casa	[**ka**za]
in ufficio	[ouf-**fi**tcho]
in moto	[**mo**to]

Non ho

fame	[**fa**mé]
sonno	[**so**n-no]
molto tempo	[**mo**lto **tèm**po]
un cane/un gatto	[oun **ka**né/**gat**-to]
bagagli con me	[ba**ga**lyi ko-n mè]
il biglietto	[bil**yiè**t-to]
il telefono in camera	[té**lé**fono/**ka**méra]
la bicicletta	[bitchi**klè**t-ta]
la prenotazione	[préno**tatsio**né]
capito. Può ripetere?	[ka**pi**to pou**o** ri**pé**téré]

■ LA NÉGATION (*ne ... pas*) s'obtient en italien en mettant tout simplement **non** [no-n] devant le verbe:

non ho, *je n'ai pas*
non sono, *je ne suis pas, ils/elles ne sont pas*
non parlo *je ne parle pas*
non capisco [ka**pis**ko], *je ne comprends pas*

■ MASCULIN ET FÉMININ : l'italien a une forme différente selon le genre masculin ou féminin.

Cas général : • le nom au masculin se termine par **o** :

il gatto [**ga**t-to] *le chat* **il tempo** [**tè**-mpo], *le temps*
l'uomo [ou**o**mo] *l'homme* **il figlio** [**fi**lyo], *le fils*

• le nom au féminin se termine par **a** :

la figlia [**fi**lyia], *la fille* **l'amica** [a**mi**ka], *l'amie*
la casa [**ka**za], *la maison* **la bicicletta** [bitchi**klè**t-ta] *le vélo*

Cas particulier : il existe cependant des mots qui se terminent en **e** et qui peuvent être soit masculins (M) soit féminins (F) :

M	F
il padre [**pa**dré], *le père*	**la madre** [**ma**dré], *la mère*
il sole [**so**lé], *le soleil*	**la ragione** [ra**djo**né], *la raison*
il paese [pa**é**zé], *le pays*	**la fame** [**fa**mé], *la faim*
il direttore [dirèt-**to**ré], *le directeur*	**la sete** [**sé**té], *la soif*

■ LES ARTICLES DÉFINIS : il y a deux articles masculins en italien : **il** et **lo,** et un article féminin, **la** :

il	**lo/l'**	**la/l'**
il tempo *le temps*	l'amico *l'ami*	la casa *la maison*
il cane *le chien*	lo zio [tzio] *l'oncle*	la zia [tzia] *la tante*
il gatto *le chat*	lo studente *l'étudiant*	la strada *la rue/route*

- **Il** s'utilise devant une consonne, **lo** devant **s** suivi d'une consonne et devant **z**; **lo** devient **l'** devant une voyelle.
- **La** s'utilise au féminin dans tous les cas ; **la** devient **l'** devant une voyelle.

➡ **RETENEZ AUSSI**

Questo [kou**è**sto] **hotel**	*Cet hôtel*
Questo viaggio [viad-djo]	*Ce voyage*
Questa [kou**è**sta] **pizza** [**pi**t-tsa]	*Cette pizza*
Questa persona [pèr**so**na]	*Cette personne*

1. Que veut dire en français ?

a) Non avete fame?
b) Non siamo in bicicletta.
c) Questa casa non é bella.
d) Questo paese non é freddo?
e) Non abbiamo spiccioli.
f) Non é sposato.

2. Compléter avec questo o questa :

a) *...persona è francese.*
b) *...studente non ha il biglietto.*
c) *...paese è caldo.*
d) *E' bella...macchina !*

3. Les mots suivants sont-ils du féminin ou du masculin ?

a) tempo b) casa c) famiglia d) cane e) medico f) ragione

SOLUTIONS

1. a) *N'avez-vous pas faim ?*
b) *Nous ne sommes pas à vélo.*
c) *Cette maison n'est pas belle.*
d) *Ce pays, n'est-il pas froid ?*
e) *Nous n'avons pas de monnaie.*
f) *Il n'est pas marié.*

2. a) **Questa.**
b) **Questo.**
c) **Questo.**
d) **questa.**

3. a) *M* b) *F* c) *F* d) *M* e) *M* f) *F*

Les villes à visiter

On dit que chaque ville et chaque village en Italie mérite une visite, et il est bien vrai que même les villes à l'apparence la plus banale cachent des merveilles d'art, d'architecture, de peinture. On ne peut pas, cependant, oublier de parler des véritables trésors artistiques : *Venise* (**Venezia**), *Rome* (**Roma**), *Naples* (**Napoli**), *Florence* (**Firenze**), *Agrigente* (**Agrigento**). Mais en limitant la liste à ces cinq villes, on fait un tort considérable à *Sienne* (**Siena**), *Mantoue* (**Mantova**), *Pise* (**Pisa**), *Ravenne* (**Ravenna**), *Bologne* (**Bologna**), *Palerme* (**Palermo**), *Syracuse* (**Siracusa**) et à tant d'autres magnifiques villes italiennes.

Il y a

Il y a (+ singulier)

du vent
du/le soleil
un client
une fenêtre ouverte
une banque au village

Est-ce qu'il y a...

une salle de bains?
un spectacle nocturne?
une pharmacie ouverte?
un restaurant?
la clef de la chambre?

Il y a (+ pluriel)

des touristes
des restaurants ouverts
des courts de tennis
des parasols sur la plage
des couples étrangers

Est-ce qu'il y a...

des toilettes publiques?
des journaux français?
des bus pour la gare?
des magazines français?
des excursions sur le lac?

A4 C'è, ci sono

C'è

vento	[**vè**-nto]
il sole	[**so**lé]
un cliente	[oun kliènté]
una finestra aperta	[**ou**na finèstra ap**è**rta]
una banca in paese	[**ba**-nka in paézé]

C'è...?

il bagno?	[**ba**nio]
uno spettacolo notturno?	[spèt-takolo not-t**ou**rno]
una farmacia aperta?	[farmatch**i**a ap**è**rta]
un ristorante?	[ristor**a**-nté]
la chiave della camera?	[kiavé **dè**l-la **ka**méra]

Ci sono

turisti	[tour**is**ti]
ristoranti aperti	
campi da tennis	[**ka**-mpi da **tè**n-nis]
ombrelloni sulla spiaggia	[ombrèl-**lo**ni **sou**l-la spi**a**d-dja]
coppie straniere	[**ko**p-pié strani**é**ré]

Ci sono...?

bagni pubblici?	[**ba**nyi **pou**b-blitchi]
giornali francesi?	[djor**na**li]
autobus per la stazione?	[**aou**tobous pèr la statsi**o**né]
riviste francesi?	[ri**vi**sté]
escursioni sul lago?	[eskoursi**o**ni soul **la**go]

■ *Il y a* se traduit en italien par **c'è** suivi d'un nom au singulier, : **C'è una persona**, *Il y a une personne,* et **ci sono** suivi d'un pluriel : **Ci sono due persone**, *il y a deux personnes.*

■ **REMARQUES**

- Pour la traduction de *il y a* + unité de temps, voir Unité 15.
  Il n'y a pas, **non c'è, non ci sono** :
  Non c'è vento, *il n'y a pas de vent*
  Non ci sono turisti, *il n'y a pas de touristes*

■ LE PLURIEL DES NOMS

O devient I :	**il bagno, i bagni**, *le/s bain/s*
E devient I:	**il ristorante, i ristoranti**, *le/s restaurant/s*
	la chiave, le chiavi, *la/les clé/s*
A devient E :	**la rivista, le riviste**, *la/les revue/s*
Exceptions:	**l'autobus, gli autobus**
	la città, le città (*la/les ville/s*)
	l'uomo, gli uomini, *l'/les homme/s*
	il problema, i problemi
	il turista, i turisti

■ PLURIEL DES ARTICLES *le, l', la, les*

il devient **i**	**lo/l'** devient **gli** [lyi]	**la/l'** devient **le**
i bagni	gli autobus	le chiavi
i giornali	gli spettacoli	le escursioni
i ristoranti	gli zii [dzii]	le amiche

- Les articles indéfinis *un, une* :

un	**uno**	**una/un'**
un ristorante	uno spettacolo	un'amica
un autobus	uno zio [dzio]	una chiave

(CD) ➨ **RETENEZ AUSSI** (la syllabe soulignée porte l'accent tonique)

1 = uno	6 = sei	11 = undici	16 = sedici
2 = due	7 = sette	12 = dodici	17 = diciassette
3 = tre	8 = otto	13 = tredici	18 = diciotto
4 = quattro	9 = nove	14 = quattordici	19 = diciannove
5 = cinque	10 = dieci	15 = quindici	20 = venti

ENTRAÎNEZ-VOUS

1. Que veut dire en français ?

a) Ci sono tre cani.
b) Non c'é vento.
c) Ho quattordici anni.
d) Ci sono quattro coppie straniere?
e) C'é il bagno ?
f) Ci sono dieci ospiti.

2. Comment dire en italien ?

a) *J'ai dix-sept ans.*
b) *Nous avons huit chambres réservées (prenotato,a,i,e).*
c) *Y a-t-il une banque ouverte ?*
d) *Il y a trois restaurants.*
e) *Il n'y a pas de téléphone dans la chambre.*
f) *Il y a des spectacles nocturnes.*

3. Mettre au pluriel :

a) E' un turista francese.
b) Roma é una bella città (Roma e Firenze…)

SOLUTIONS

1. a) *Il y a 3 chiens.*
b) *Il n'y a pas de vent.*
c) *J'ai 14 ans.*
d) *Y a-t-il quatre couples étrangers ?*
e) *Y a-t-il une salle de bains ?*
f) *Il y a 10 hôtes.*

2. a) Ho diciassette anni.
b) Abbiamo otto camere prenotate.
c) C'é una banca aperta?
d) Ci sono tre ristoranti.
e) Non c'é il telefono in camera.
f) Ci sono spettacoli notturni.

3. a) Sono turisti francesi.
b) Roma e Firenze sono belle città.

Venise (Venezia)

Venise est une ville unique au monde car elle est entièrement bâtie sur l'eau. Il n'y a pas de voitures, de bus, de vélos, de motos, mais des bateaux de toutes les tailles, pour répondre à tous les besoins. Les « **vaporetti** » sont les bus de Venise et peuvent transporter jusqu'à 150 passagers ; les « **gondole** » sont des barques longues et très étroites qui peuvent parcourir facilement les canaux les plus exigus. À Venise on marche beaucoup : on compte environ 400 ponts et 150 canaux. Les rues s'appellent « **calle** », et les canaux « **rio** », sauf le **Canal Grande**, l'artère principale de la ville, le long duquel on peut admirer les palais vénitiens parmi les plus riches et somptueux.

On ne peut pas quitter Venise sans avoir visité le pont du **Rialto**, la *Basilique* de **San Marco** et sa magnifique place, la **Cà d'Oro**, le Musée de l'**Accademia**, les îles de **Murano** et ses verreries, du **Lido** avec ses belles plages et ses luxueux palaces, et les nombreuses autres îles de la **laguna** : **Burano** avec ses maisons colorées, **Torcello** avec sa basilique du XIIe siècle, **S. Erasmo** et ses vignes.

Beaucoup/très

Cette personne est très drôle/amusante
Il fait très chaud
Il y a beaucoup de monde
Il y a beaucoup de touristes (M/F)

Peu/peu de

Cette excursion est peu chère
Il y a peu de soleil
Il y a peu de monde
Il y a peu de touristes (M/F)

Trop/trop de

J'ai trop de travail
Ces lasagnes sont trop chaudes
Ils ont trop de pâtes
Il y a trop de touristes (M/F)

Assez

Il n'y a pas assez de sauce
Il n'y a pas assez de couples pour danser
Cet hôtel n'est pas assez luxueux
Il n'y a pas assez de tagliatelle

Un peu, un peu de

Il y a un peu de soleil ce matin
Il y a un peu de pâtes
Cette année j'ai pris un peu de vacances
Ces hôtes/clients sont un peu malpolis

Molto

Questa persona è molto divertente [divèrté-nté]
C'è molto caldo/fa molto caldo
C'è molta gente* [molta djè-nté]
Ci sono molti turisti /molte turiste [touristi/é]

Poco

Questa escursione [èskoursioné] **è poco cara**
C'è poco sole [solé]
C'è poca gente
Ci sono pochi [poki] **turisti/poche** [poké] **turiste**

Troppo

Ho troppo lavoro [trop-po lavoro]
Queste lasagne [lazanyé] **sono troppo calde**
Hanno troppa pasta [trop-pa pasta]
Ci sono troppi turisti/troppe turiste

Abbastanza

Non c'è abbastanza [ab-basta-ntsa] **sugo** [sougo]
Non ci sono abbastanza coppie [kop-pié] **per ballare** [bal-laré]
Questo albergo/hotel non è abbastanza lussuoso
[ab-basta-ntsa lous-ouozo]
Queste tagliatelle [talyiatèl-lé] **non sono abbastanza**

Un po'

C'è un po' di sole questa mattina [mat-tina]
C'è un po' di pasta
Quest'anno ho preso [prézo] **un po' di vacanze** [oun po di vaka-ntsé]
Questi clienti [kliènti] **sono un po' maleducati** [malédoukati]

* Voir p. 24.

■ **Molto**, **poco** et **troppo** s'accordent avec le nom :
molto denaro, *beaucoup d'argent* ; **pochi amici** *peu d'amis*
molta gente, *beaucoup de gens*; **troppe riviste** *trop de revues*
mais ils sont invariables devant un adjectif :
molto caro, *très cher* **poco lussuose**, *peu luxueuses*
troppo bella, *trop belle*; **molto interessanti**,*très intéressants*

■ **Abbastanza** et **un po'** sont toujours invariables :
abbastanza bella, *assez belle* , **un po' di latte**, *un peu de lait*
abbastanza belli, *assez beaux*, **un po' di persone** *quelques personnes*

■ **REMARQUES**
La gente est un mot qui s'utilise seulement au singulier :
molta gente, *beaucoup de gens /beaucoup de monde*;
tutti, *tout le monde*
tutto il mondo, *le monde entier*

■ PLURIEL des mots terminés en **co**, **go**, **ca** et **ga**
co devient **chi** [ki] : **poco**, **pochi**, *peu* ; **gioco**, **giochi**, *jeu(x)*.
buco, **buchi**, *trou(s)*.
Attention! amico, **amici**, *ami(s)*.
go devient **ghi** [gui] **: lago**, **laghi**; *le lac*; **lungo**, **lunghi**, *long(s)*;
largo, **larghi** *large(s)*; **fungo**, **funghi**, *champignon(s)*.
ca devient **che** [ké] **: amica**, **amiche**, *amie(s)*; **banca**, **banche**, *banque(s)*. **poca**, **poche**, *peu (de)*, **bianca**, **bianche**, *blanche*.
ga devient **ghe** [gué], **riga**, **righe**, *rayure(s)*, **piaga**, **piaghe**, *plaie(s)*; **larga**, **larghe**, *large(s)*; **fuga**, **fughe**, *fuite(s)*.

➡ **RETENEZ AUSSI**

Savez vous faire valoir vos droits en italien ?

Questo è troppo !	*Ça c'est (c'en est) trop !*
Ne ho abbastanza!	*J'en ai assez !*
Dica un po'	*Dites-moi, donc…*
C'é poco da ridere !	*Il n'y a pas de quoi rire!*
C'é poco da urlare !	*Pas de raison de lever la voix!*

1. Que veut dire en français ?
- a) **Questi bambini sono molto gentili.**
- b) **L'hotel é troppo caro per noi.**
- c) **Questi spaghetti sono poco cotti.**
- d) **Ci sono pochi ombrelloni sulla spiaggia.**

2. Comment dites-vous en italien ?
- a) *Il y a trop de monde au restaurant.*
- b) *Y a-t-il assez de biscuits pour tous ?*
- c) *Il y a beaucoup d'enfants sur la plage.*
- d) *Ces tagliatelles sont trop cuites.*

3. Trouvez le contraire : (ex. : C'é troppo pane/C'é poco pane)
- a) **Non c'é molta gente.**
- b) **Ho troppe lasagne.**
- c) **Abbiamo poco tempo.**

Solutions

1. a) *Ces enfants sont très gentils.*
b) *L'hôtel est trop cher pour nous.*
c) *Ces spaghetti sont peu cuits.*
d) *Il y a peu de parasols sur la plage.*

2. a) **C'é troppa gente al ristorante.**
b) **Ci sono abbastanza biscotti per tutti ?**
c) **Ci sono molti bambini sulla spiaggia.**
d) **Queste tagliatelle sono troppo cotte.**

3. a) **Non c'é poca gente.**
b) **Ho poche lasagne.**
c) **Abbiamo molto tempo.**

Florence (Firenze)

Florence se trouve en Italie centrale, dans une position privilégiée ; au milieu des collines, pas très loin de la mer. Ce fut le berceau de la Renaissance italienne : quand on parle de *Florence*, on pense à la peinture, à l'architecture, à la sculpture, à la poésie. Les monuments les plus importants datent de cette époque : **Santa Croce** et le *Baptistère*, la **Piazza della Signoria**, le **Campanile de Giotto**, le **Palazzo Vecchio**, le **Palazzo del Bargello**, le couvent de **San Marco** décoré par **Fra Angelico**. La ville de *Florence* est traversée par l'**Arno**, et le pont le plus connu est le **Ponte Vecchio**, qui date du Moyen Âge.

A6 Où... ? - Où est... ? - Où sont... ?

Où est

le restaurant «Chez Pippo» ?

le marché ?
l'église ?
la gare ?
le kiosque ?

Où sont

les valises ?
les clefs de la maison ?
les voisins ?
les billets de théâtre ?
les livres ?

Où

vas-tu ? va-t-il/allez-vous ? allons-nous ?
habites-tu ? habite-t-il/habitez vous ?
cours-tu ? court-il/courez-vous ?
vis-tu ? vit-il/vivez-vous ?
se trouve Milan ?
téléphone-t-on ?
achète-t-on des journaux français ?

mange-t-on une bonne pizza ?

achète-t-on les timbres ?

vend-on des cartes postales ?

A6 Dove... ? - Dov'è... ? - Dove sono... ?

Dov'è

[dovè] **il ristorante «da Pippo»?**
[il risto**ra**-nté da **pip**-po]
il mercato? [mèr**ka**to]
la chiesa? [ki**é**za]
la stazione? [statsi**o**né]
l'edicola? [é**di**kola]

Dove sono

[**do**vé **so**no] **le valigie?** [lé va**li**djé]
le chiavi di casa? [lé ki**a**vi di **ka**za]
i vicini? [vit**chi**ni]
i biglietti del teatro? [bilyi**è**t-ti dèl té**a**tro]
i libri? [**li**bri]

Dove

[**do**vé] **vai? va? andate? andiamo?** [a-n**da**té a-ndi**a**mo]
abiti? abita? abitate? [**a**biti/ta abi**ta**té]
corri? corre? correte? [**kor**-ri/é kor-**ré**té]
vivi? vive? vivete? [**vi**vi/é vi**vé**té]
si trova Milano? [si **tro**va mi**la**no]
si telefona? [té**lé**fona]
si comprano giornali francesi?
[**ko**-mprano djor**na**li fra-nt**ché**zi]
si mangia una buona pizza?
[**ma**-ndja **ou**na bou**o**na **pit**-tsa]
si comprano i francobolli?
[fra-nko**bol**-li]
si vendono cartoline?
[**vè**-ndono karto**li**né]

■ Le verbe *aller*, **andare**, est irrégulier
vado [**va**do], *je vais*
vai [vaï], *tu vas*
va [va], *il/elle va*
andiamo [a-ndi**a**mo] *nous allons*
andate [a-n**da**té], *vous allez*
vanno [**va**-n-no] *ils/elles vont*
Andare est toujours suivi par la préposition **a** :
vado a casa, *je rentre chez moi* (m à m : *je vais à la maison*
andiamo al mercato, *(nous) allons au marché*
vanno a comprare..., *ils/elles vont acheter* ...[1],

■ Les verbes réguliers du 1er groupe se terminent en -**are** ; ceux du 2e groupe se terminent en -**ere**

comprare, *acheter*	**vedere**, *voir*
compro, *j'achète*	**vedo**, *je vois*
compri, *tu achètes*	**vedi**, *tu vois*
compra, *il/elle achète*	**vede**, *il/elle voit*
compriamo, *nous achetons*	**vediamo**, *nous voyons*
comprate, *vous achetez*	**vedete**, *vous voyez*
comprano, *ils/elles achètent*	**vedono**, *ils/elles voient*

■ *On* se traduit par **si** suivi du verbe à la 3e personne lorsque la phrase a un sens général : **In Francia si parla francese**, *En France on parle français,* ou si le verbe est suivi d'un nom singulier : **Si vede il mare**, *on voit la mer.*

- Le verbe sera à la 3e personne du pluriel s'il est suivi d'un nom pluriel : **si vedono le montagne**, *on voit les montagnes.*
- En français *on* est souvent utilisé à la place de *nous* : *on mange = nous mangeons.* Cela n'est pas possible en italien, car **si** est un sujet impersonnel.

■ **REMARQUE**

- La forme de politesse en italien s'exprime à la 3e personne du singulier : **Va in vacanza ?** *Va-t-il en vacances ?* ou *Allez-vous en vacances?*

---

1. La phonétique n'est désormais plus indiquée systématiquement. Lorsque l'accent ne tombe pas sur l'avant-dernière syllabe, la syllabe accentuée sera soulignée.

À partir de cette leçon, apprenez à reconnaître et à utiliser la forme de politesse. Dans les solutions, vous pourrez trouver les deux formes correspondantes au français.

1. Que veut dire en français ?

a) Dove'e l'ufficio postale?
b) Paghiamo in contanti.
c) Dov'é la cassa?
d) Da dove arrivi?
e) Abbiamo le chiavi di casa?

2. Comment dites-vous en italien ?

a) *Où est le kiosque ?*
b) *Où vivez-vous ?*
c) *D'où arrive ce bus ?*
d) *Nous allons à la plage.*
e) *On ne voit pas les montagnes.*

Solutions

1. a) *Où est la poste ?*
b) *Nous payons en comptant.*
c) *Où est la caisse ?*
d) *D'où viens-tu ?*
e) *Avons-nous les clefs de la maison ?*

2. a) **Dov'é l'edicola?**
b) **Dove vive/vivete?**
c) **Da dove arriva questo autobus?**
d) **Andiamo alla spiaggia.**
e) **Non si vedono le montagne.**

Rome (Roma)

Rome, **la città dei sette colli** (*la ville aux sept collines*), est la capitale de l'Italie et aussi la ville la plus grande et la plus peuplée (4 000 000 d'habitants).
C'est une ville d'une richesse incroyable, avec la *zone archéologique* comprenant le *Forum* (**i Fori Imperiali**), le *Colisée* (**il Colosseo**) les *Thermes*, la *Maison d'Or*, le *Théâtre de Marcellus*, le *Panthéon* ; avec les *monuments de l'époque de la Renaissance et du Baroque*, comprenant le *Palais Farnese*, la **Piazza Navona**, la Fontaine de **Trevi**, la *Place St-Pierre* et la *Basilique* (**Piazza e Basilica di San Pietro**) la **Piazza del Popolo**, le *Vatican* (**il Vaticano**) ; et *des monuments plus modernes*, comme la Gare **Termini**, ou comme on en trouve à l'E.U.R., le quartier que Mussolini commença à faire construire en 1938 en vue de l'Exposition Universelle de Rome prévue en 1942.
En visitant Rome on marche au cœur de l'histoire de l'Italie depuis la plus haute antiquité.

A7 Quand ? - À quelle heure ?

Quand

arrive l'avion?
commence le spectacle?

Quelle heure est-il?

Il est midi
il est minuit
Il est une heure (précise)

Il est

dix heures
dix heures et quart
dix heures et demie
onze heures moins le quart
onze heures moins cinq
quatre heures vingt-cinq
six heures dix
huit heures moins dix
dix heures moins vingt

À quelle heure

ferme le restaurant ?
envoient-ils la lettre ?
pars-tu ?
le dîner est-il servi ?
ouvre le magasin ?

A7 Quando ? - A che ora ?

Quando

arriva l'aereo? [aèréo]
comincia lo spettacolo? [spèt-takolo]

Che ore sono ?

E' mezzogiorno
E' mezzanotte
E' l'una (in punto)

Sono le

dieci
dieci e un quarto
dieci e mezzo/a
undici meno un quarto [**oun**ditchi]
undici meno cinque
quattro e venticinque
sei e dieci
otto meno dieci
dieci meno venti

A che ora

chiude il ristorante?
spediscono la lettera? [spé**dis**kono]
parti ?
si serve la cena?
apre il negozio? [né**go**tsio]

■ Les verbes réguliers du troisième groupe se terminent en **-ire** :
spedire, *envoyer*
spedisco, *j'envoie*
spedisci, *tu envoies*
spedisce, *il/elle envoie*
spediamo, *nous envoyons*
spedite, *vous envoyez*
spediscono, *ils/elles envoient*

■ REMARQUE
Certains verbes du 3e groupe comme **aprire**, *ouvrir*, **coprire**, *couvrir*, **dormire**, *dormir*, **offrire**, *offrir*, **partire**, *partir*, **servire**, *servir*, **soffrire**, *souffrir*, **divertirsi**, *s'amuser*, **vestirsi**, *s'habiller*, se conjuguent de façon différente :

apro, *j'ouvre*	**parto**, *je pars*	**mi diverto**, *je m'amuse*
apri, *tu ouvres…*	**parti**, *tu pars …*	**ti diverti**, *tu t'amuses …*
apre	**parte**	**si diverte**
apriamo	**partiamo**	**ci divertiamo**
aprite	**partite**	**vi divertite**
aprono	**partono**	**si divertono**

➡ RETENEZ AUSSI

Orario di apertura:	horaire d'ouverture
dalle 9 alle 18,	de 9 h à 18 h
Mi alzo alle 7,	je me lève à 7h
Faccio* colazione alle 8,	je prends mon petit déjeuner à 8 h
Vado a lavorare alle 9,	je vais travailler à 9 h
Pranzo all'una,	je déjeune à 1 (13) h
Torno a casa alle 6,	je rentre à 6 h
Ceno alle 8,	je dîne à 8 h

***Faccio** est la 1re personne du singulier du verbe **fare**, *faire* (cf unité 9).

ENTRAÎNEZ-VOUS

1. Que veut dire en français ?

a) Sono le otto e un quarto.
b) A che ora arriva il treno ?
c) Il negozio è aperto dalle 9 alle 18.
d) Quando partiamo ?
e) Pranziamo a mezzogiorno
f) Apriamo il libro.
g) Mi lavo.

2. Comment dites-vous en italien ?

a) *Il est une heure et demie.*
b) *Quand partez-vous ?*
c) *Je me lave.*
d) *Ouvrez la fenêtre.*
e) *Le film commence à 8 h.*
f) *À quelle heure ferme la poste ?*
g) *À quelle heure mange-t-il ?*
h) *Quand téléphone-t-il ?*

3. Conjuguez les verbes :

a) *Je mange*
b) *Nous envoyons*
c) *Nous allons*
d) *Ils finissent*
e) *Tu pars*
f) *Tu fermes*

SOLUTIONS

1. a) *Il est 8 h et quart.*
b) *À quelle heure arrive le train ?*
c) *Le magasin est ouvert de 9 h à 18 h.*
d) *Quand partons-nous ?*
e) *Nous déjeunons à midi.*
f) *Nous ouvrons le livre.*
g) *Je me lave.*

2. a) È l'una e mezza.
b) Quando partite?
c) Mi lavo.
d) Aprite la finestra.
e) Il film comincia alle 8.
f) A che ora chiude l'ufficio postale?
g) A che ora mangia?
h) Quando telefona?

3. a) mangio, b) spediamo, c) andiamo, d) finiscono, e) parti, f) chiudi

Naples (Napoli)

Port important de l'Italie du sud, Naples est dominée par le *Vésuve* (**il Vesuvio**), un volcan toujours en activité. C'est la ville de tous les excès, de la grande richesse à la misère, de la superstition et la dévotion aux commerces illicites, de la passion à la tragédie. On visite un monument somptueux, on tourne le coin de la rue et on se retrouve dans un quartier très pauvre ; le tout surplombant la magnifique *baie de Naples.* **Castel Nuovo, Castel dell'Ovo**, le *Dôme* (**il Duomo**), **Santa Chiara** et la *Chartreuse* **San Martino** sont, entre autres,les monuments à visiter dans cette ville. Mais il ne faut pas hésiter à se promener au gré des ruelles qui s'ouvrent sur des cours très animées, où la vie familiale côtoie une activité économique de fourmis…

Combien… ?

Combien

ça coûte ?
ça fait ?
consomme cette voiture ?
peut-il/pouvez-vous payer ?

Combien de

pain achètes-tu ?
temps as-tu ?
café prépares-tu (*Quelle quantité de*) ?

pâtes manges-tu ?
gens viendront demain ?
gens connais-tu ici ?

frères ont-ils ?
spaghetti as-tu acheté ?
de journaux achètes-tu chaque jour ?
Quel âge as-tu ? (*combien d'années as-tu ?*)

sœurs as-tu ?
personnes viennent ce soir ?
magazines français as-tu acheté ?

Combien d'

églises y a-t-il à Rome ?

Quanto

costa?
viene?
consuma questa macchina?
può pagare?

Quanto

pane compri?
tempo hai?
caffé prepari?

Quanta

pasta mangi?
gente viene domani?
gente conosci qui?

Quanti

fratelli hanno?
spaghetti hai comprato?
giornali compri ogni giorno?
anni hai?

Quante

sorelle hai?
persone vengono stasera?
riviste francesi hai comprato?

chiese ci sono a Roma?

■ **Quanto** (*combien* et *combien de*) est invariable devant un verbe : **Quanto costa questa valigia ?** *Combien coûte cette valise ?*

Quanto s'accorde en genre (masculin ou féminin) et en nombre (singulier ou pluriel), comme un adjectif, quand il se trouve devant un nom :

Quanto lavoro, *combien de travail*
Quanta gente, *combien de gens*
Quanti amici, *combien d'amis*
Quante case, *combien de maisons*

■ REMARQUE

Quanto est aussi utilisé dans une exclamation pour exprimer la surprise et pour traduire *«que de...!»*

Quanta gente! *Que de monde!*

■ Le verbe irrégulier **venire**, *venir*

vengo	*je viens*
vieni	*tu viens*
viene	*il/elle vient*
veniamo	*nous venons*
venite	*vous venez*
vengono	*ils/elles viennent*

■ REMARQUE

Le verbe **venire** peut être utilisé à la place de **costare** :
Quanto costano ou **Quanto vengono**, *combien coûtent*

➡ RETENEZ AUSSI

Da quanto (tempo) aspetti?	*Depuis combien attends-tu ?*
Per quanto resti?	*Combien de temps restes-tu ?*
A quanto va questa moto?	*À quelle vitesse va cette moto ?*

1. Que veut dire en français ?

a) Quanto costa questo giornale?
b) Quanti amici vengono stasera?
c) Quante sorelle hanno?
d) Da quanto siete in Italia ?
e) E per quanto tempo?
f) A quanto va questa moto?
g) Quanti anni hai?

2. Comment dites-vous en italien ?

a) *Depuis combien de temps attendent-ils au restaurant ?*
b) *Combien de travail as-tu ?*
c) *Quel âge avez-vous ?*
d) *Combien de restaurants y a-t-il dans cette ville ?*
e) *Combien pouvez-vous payer ?*
f) *Ce soir nous venons à 10 h.*

Solutions

1. a) *Combien coûte ce journal ?*
b) *Combien d'amis viennent ce soir ?*
c) *Combien de sœurs ont-ils ?*
d) *Depuis quand êtes-vous en Italie ?*
e) *Et pendant combien de temps ?*
f) *À quelle vitesse va cette moto ?*
g *Quel âge as-tu ?*

2. a) Da quanto aspettano al ristorante?
b) Quanto lavoro hai?
c) Quanti anni avete?
d) Quanti ristoranti ci sono in questa città ?
e) Quanto può/potete pagare ?
f) Questa sera veniamo alle 10.

Les repas des Italiens

Les Italiens ont la réputation d'être de bonnes fourchettes et c'est une réputation fort méritée.
Le *petit déjeuner* (**la colazione**) est souvent pris au bar et consiste en un *café crème* et *croissant* (**cappuccino e cornetto**) ; parfois on se contente d'un café serré.
Le *déjeuner* (**il pranzo**) est un véritable repas pris à la maison quand c'est possible, et consiste en une entrée de pâtes ou de riz, un plat de viande et de légumes, et se termine souvent par un fruit frais. Quand il n'est pas possible de rentrer à la maison, on mange un *sandwich* (**un panino**).
Le *dîner* (**la cena**) est plus léger que le repas de midi, et consiste souvent en **pasta** ou soupe, fromage, légumes et fruits.
Les jeunes ont l'habitude de terminer la soirée chez l'un d'entre eux pour une « **spaghettata** » de minuit.

A9 Comment ? - Pourquoi ?

Comment...

ça va ?

t'appelles-tu ?

fait-on pour aller à...

t'habilles-tu ce soir ?

dit-on «*gare*» en italien ?

fait-on pour manger les spaghetti ?

sont les Italiens ?

fonctionne cette machine ?

ça se fait que tu es en retard ?

Pourquoi...

ne viens-tu pas ce soir ?

ris-tu ?

pleures-tu ?

n'appelles-tu pas le docteur ?

t'en vas-tu ?

ne réponds-tu pas ?

téléphones-tu ?

rentrez-vous chez vous ?

ne restez-vous pas encore un peu ?

êtes-vous en Italie ?

A9 Come ? - Perché ?

Come...

stai? come va?

ti chiami?

si fa per andare a...

ti vesti stasera?

si dice «gare» in italiano?

si mangiano gli spaghetti?

sono gli italiani?

funziona questa macchina?

mai sei in ritardo?

Perché...

non vieni stasera?

ridi?

piangi?

non chiami il dottore?

vai via?

non rispondi?

telefoni?

tornate a casa?

non restate ancora un po'?

siete in Italia?

■ Les verbes irréguliers **stare**, *rester, être*, et **fare**, *faire*

sto	*je suis, je reste*	**faccio**	*je fais*
stai	*tu es, tu restes*	**fai**	*tu fais*
sta	*il est, il reste*	**fa**	*il fait*
stiamo	*nous restons*	**facciamo**	*nous faisons*
state	*vous restez*	**fate**	*vous faites*
stanno	*ils/elles restent*	**fanno**	*ils/elles font*

■ **Come**, *comment, comme*, peut être un pronom interrogatif :

Come stai ? *Comment ça va ?*
ou bien une conjonction :
Grida come un matto, *Il crie comme un fou.*

■ **Perché** veut dire à la fois *pourquoi* et *parce que* :

Perché ridi ? Perché mi diverto.
Pourquoi ris-tu ? Parce que je m'amuse.

➡ RETENEZ AUSSI ces emplois du mot **via** :

Abito in via Rossi	*J'habite rue Rossi*
Vado via	*Je m'en vais*
Corri via!	*Sauve-toi !*
Via di qui!	*Sors/sortons/sortez d'ici !*
Gettare/buttare via	*Jeter*
Dare via	*Céder, donner*
Mando la lettera via aerea	*J'envoie la lettre par avion*
Stanno via due giorni	*Ils partent pour deux jours*

A9 | **Come ? Perché ?** | **ENTRAÎNEZ-VOUS**

1. Que veut dire en français ?

a) Stasera stiamo a casa.
b) Perché stanno via un mese ?
c) Stiamo bene, grazie.
d) Come sono le lasagne?
e) Come si fa per andare alla stazione?
f) Come mai non andiamo a casa?

2. Comment dites-vous en italien ?

a) *Elle ne téléphone pas. Pourquoi ?*
b) *Comment s'appelle le chat ?*
c) *Comment dit-on « maison » en italien ?*
d) *Pourquoi cet enfant pleure-t-il ?*
e) *Pourquoi ne viens-tu pas à la plage ?*
f) *Nous habitons rue Verdi.*

Solutions

1. a) *Ce soir nous restons à la maison.*
b) *Pourquoi partent-ils pour un mois ?*
c) *Nous allons bien, merci.*
d) *Comment sont les lasagnes ?*
e) *Comment fait-on pour aller à la gare ?*
f) *Comment se fait-il que nous ne rentrons pas à la maison ?*

2. a) Non telefona. Perche?
b) Come si chiama il gatto?
c) Come si dice « maison » in italiano?
d) Perché piange questo bambino?
e) Perché non vieni alla spiaggia?
f) Abitiamo in via Verdi.

Où manger en Italie ?

Cela dépend de la faim et… du budget.
Il y a le *restaurant* (**il ristorante**) traditionnel, à la cuisine très variée, souvent assez cher, où on est sûr du service et de la qualité des mets. Les plats proposés sont raffinés, la cave est bien fournie.
La **trattoria** est un petit restaurant à gestion familiale où l'on propose une cuisine simple, souvent trois ou quatre plats du jour. Le service est correct et on goûte souvent à des plats traditionnels de la région avec un vin local. Il n'y a pas de menu écrit, mais les spécialités sont proposées « **a voce** », oralement.
La **birreria** correspond un peu à une *brasserie*, où on peut avoir un plat chaud, mais aussi un sandwich.
La **pizzeria** est le royaume de la *pizza* (**la pizza**), et la solution à une sortie pas chère entre amis.
La **paninoteca** est une *sandwicherie.*
Les boutiques de « **pizza al taglio** » (*pizza à la coupe*) vendent des parts de pizza à manger debout.

A10 Qui ? - Que ? - Quoi ?

Qui

est le monsieur avec la barbe ?
vient à ta fête ?
répond à leur question ?
conduit ta voiture ?
prend notre place ?
êtes-vous ?
est ton ami ?
invites-tu à dîner ce soir ?
Vous vous prenez pour qui ?
Tu te prends pour qui ?

Qu'est-ce

qu'il désire/vous désirez ?
que vous cherchez ?
qu'il choisit/vous choisissez comme entrée ?
que tu manges ?
qu'il a/vous avez dit ? Je ne comprends pas.
que ça veut dire «camera matrimoniale» ?
que tu préfères, du thé ou du café ?
que vous pensez de l'Italie ?
qu'il conseille/vous conseillez comme vin ?
qu'il se passe dans le monde ?

A10 Chi ? - Che cosa ? - Cosa ?

Chi

é il signore con la barba?
viene alla tua festa?
risponde alla loro domanda?
guida la tua macchina?
prende il nostro posto?
siete?
é il tuo amico?
inviti a cena questa sera?
pensa di essere[1]
ti credi di essere[1]?

Che cosa/Cosa/

desidera?
cercate?
sceglie come primo?
mangi?
ha detto ? Non capisco.
significa «camera matrimoniale»?
preferisci, té o caffè?
pensate dell'Italia?
consiglia come vino?
succede nel mondo?

[1] Mot à mot : *Qui pensez-vous être ? Qui crois-tu être ?*

■ PRONOMS INTERROGATIFS *QUI, QUE, QUOI*
chi, *qui,* s'utilise pour les personnes :
A chi pensi ? *À qui penses-tu ?*
che, *que, quoi,* s'utilise pour les chose :
A che cosa pensi ? *À quoi penses-tu ?*

■ **REMARQUE**
Che cosa est souvent réduit à **Cosa** ou à **che** :
Cosa dici ? = **che dici ?** *Que dis-tu ?*
Cosa, au sens de qu'est-ce que ? s'élide devant une voyelle :
Cos'è questa macchina ? *Qu'est-ce que c'est, cette voiture ?*

■ LES POSSESSIFS en italien sont toujours précédés de l'article déterminé, ex: il mio amico = *mon ami.*

mon	**il mio**	*ma*	**la mia**	*mes*	**i miei**	**le mie**
ton	**il tuo**	*ta*	**la tua**	*tes*	**i tuoi**	**le tue**
son	**il suo**	*sa*	**la sua**	*ses*	**i suoi**	**le sue**
notre	**il nostro**	**la nostra**	**i nostri**		**le nostre**	
votre	**il vostro**	**la vostra**	**i vostri**		**le vostre**	
leur	**il loro**	**la loro**	**i loro**		**le loro**	

■ Le verbe **succedere** *(se passer, arriver)* s'accorde au singulier:
Che [cosa] succede ? *Qu'est-ce qu'il se passe ?*
ou bien au pluriel :
Succedono molte cose, *Il se passe beaucoup de choses.*

■ **REMARQUE**
Ne pas confondre **succedere** avec **passare**, *passer)* :
Passa col rosso, *Il passe au rouge.*

(CD) ➠ **RETENEZ AUSSI :**

20 : venti	27 : ventisette	40 : quaranta
21 : ventuno	28 : ventotto	50 : cinquanta
22 : ventidue	29 : ventinove	60 : sessanta
23 : ventitre	30 : trenta	70 : settanta
24 : ventiquattro	31 : trentuno	80 : ottanta
25 : venticinque	32 : trentadue	90 : novanta
26 : ventisei	33 : trentatre	100 : cento

ENTRAÎNEZ-VOUS

1. Que veut dire en français ?

a) Che cosa desidera?
b) Ventotto francobolli e trentadue cartoline.
c) A che cosa pensi?
d) Di chi parlate
e) Chi telefona a Luisa?
f) Dove sono i miei soldi?

2. Comment dites-vous en italien ?

a) *Où est ta maison ?*
b) *Qui vient avec moi à la plage ?*
c) *Ce soir j'invite 56 personnes.*
d) *J'envoie 100 invitations (inviti).*
e) *Qu'est-ce qui se passe ?*
f) *Ils viennent avec leurs amis français.*
g) *De quoi parle-t-il ?*

3. Écrire les chiffres :

a) 45 b) 29 c) 82.

SOLUTIONS

1. a) *Que désirez-vous ?*
b) *28 timbres et 32 cartes postales.*
c) *À quoi penses-tu ?*
d) *De qui parlez-vous ?*
e) *Qui téléphone à Louise ?*
f) *Où est mon argent ?*

2. a) Dov'é la tua casa ?
b) Chi viene alla spiaggia con me?
c) Questa sera invito cinquantasei persone.
d) Spedisco cento inviti.
e) Che cosa succede ?
f) Vengono con i loro amici francesi.
g) Di che cosa parla ?

3. a) quarantacinque b) ventinove c) ottantadue

Les pâtes (la pasta)

Les pâtes sont l'aliment qui a rendu l'Italie populaire dans le monde entier, même si on dit que Marco Polo en a importé la recette de Chine.

On a récemment recensé environ 400 formes de pâtes : chaque forme s'associe à une sauce paticulière. Les Italiens aiment la « **pasta al dente** », c'est-à-dire quand elle est encore un peu translucide et surtout ne colle pas, pas trop cuite en somme.

Les pâtes sont traditionnellement servies chaudes, mais en été on peut en faire des salades fraîches et appétissantes.

La **pasta** est conviviale, gaie, colorée, économique, énergétique… un aliment parfait.

Je veux

un café allongé
partir samedi prochain
aller dans un hôtel de luxe
dormir. Je suis très fatigué
m'en aller d'ici
rester seul

Je voudrais

une chambre pour une personne
des vacances d'un an
fumer, est-ce possible ? Je dérange ?
parler avec elle/vous
aller au restaurant ce soir
rester encore quelques jours

Voulez-vous

essayer une autre paire de chaussures ?
une chambre (avec vue) sur la mer ?
une couchette ou un wagon-lit ?
le reçu ?

Désirez-vous

un autre café ?
un digestif ?

A11 Voglio - Vorrei - Desidera - Vuole

Voglio

un caffè lungo	
partire sabato prossimo	[pros-simo]
andare in un hotel di lusso	[lous-so]
dormire. Sono molto stanco.	[sta-nko]
andare via di qui	[via di koui]
stare da solo	

Vorrei

una camera singola	[si-ngola]
una vacanza di un anno	
fumare. E' permesso? Disturbo?	
parlare con lei	
andare al ristorante stasera	[staséra]
restare ancora qualche giorno [rèstaré a-nkora koualké djorno]	

Vuole

provare un altro paio di scarpe?	
una camera (con vista) sul mare?	
una cuccetta o un vagone letto ?	[kouttchètta]
la ricevuta?	[ritchévouta]

Desidera [dèzidéra]

un altro caffé?	
un digestivo?	[didjèstivo]

■ Le verbe irrégulier **volere**, *vouloir* au présent de l'indicatif :

voglio	[**vo**lyio]	je veux
vuoi	[vou**oï**]	tu veux
vuole	[vou**o**lé]	il/elle veut
vogliamo	[volyi**a**mo]	nous voulons
volete	[vo**lé**té]	vous voulez
vogliono	[**vo**lyiono]	ils/elles veulent

■ **REMARQUE**
Le conditionnel **vorrei**, *je voudrais, je souhaiterais*, exprime un souhait plutôt qu'une volonté :
Vorrei partire, *J'aimerais bien partir*

■ **Qualche**, *quelques*, est toujours au singulier en italien, avec pourtant un sens pluriel :
Qualche amico viene, *Quelques amis viennent.*

➡ **RETENEZ AUSSI :**

I giorni della settimana, *les jours de la semaine*

lunedì	[louné**di**]	*lundi*
martedì	[marté**di**]	*mardi*
mercoledì	[mèrkolé**di**]	*mercredi*
giovedì	[djové**di**]	*jeudi*
venerdì	[vénèr**di**]	*vendredi*
sabato	[**sa**bato]	*samedi*
domenica *(f.)*	[do**mé**nika]	*dimanche*

le stagioni	[sta**djo**ni]	*les saisons*
la primavera	[prima**vé**ra]	*le printemps*
l'estate *(f.)*	[è**sta**té]	*l'été*
l'autunno	[aou**tou**n-no]	*l'automne*
l'inverno	[in**vè**rno]	*l'hiver*

1. Que veut dire en français ?

a) Voglio una camera doppia.
b) Vogliono la vista sul lago.
c) Desidera, signora ?
d) Vorrei parlare con il direttore dell'hotel.
e) Vuole un biglietto di prima o di seconda classe?
f) Vuole provare queste scarpe rosse?

2. Comment dites-vous en italien ?

a) *Je voudrais essayer tes chaussures.*
b) *Qui veut venir avec moi au restaurant ?*
c) *Tu veux inviter 60 personnes ce soir ?*
d) *Je voudrais partir à 10 h 30.*
e) *Voulez-vous un apéritif ?*

3. Mettez au pluriel :

a) Voglio comprare qualche giornale. b) Con chi vuoi partire ?

SOLUTIONS

1. a) *Je veux une chambre double.*
b) *Ils veulent la vue sur le lac.*
c) *Vous désirez, madame ?*
d) *Je voudrais parler au directeur de l'hôtel.*
d) *Voulez-vous un billet de première ou de seconde ?*
f) *Voulez-vous essayer ces chaussures rouges ?*

2. a) Vorrei provare le tue scarpe.
b) Chi vuole venire con me al ristorante?
c) Vuoi invitare sessanta persone questa sera?
d) Vorrei partire alle dieci e mezzo.
e) Vuole un aperitivo?

3. a) Vogliamo comprare qualche giornale.
b) Con chi volete partire?

La pizza

La vraie pizza est aussi fine qu'une feuille de papier, et croustillante, on devrait être à même de la plier en quatre « **a libro** » (*comme un livre*). On est donc très loin de la pizza américaine à la pâte très épaisse !
La vraie pizza est née à Naples et toutes les pizzerias italiennes revendiquent le label de « **vera pizza napoletana** » (*vraie pizza napolitaine*). C'est sans doute la spécialité italienne qui a été la plus exportée et qui est connue dans le monde entier ; c'est probablement aussi le mot italien le plus connu et le plus employé à l'étranger.
Outre *la farine* (**la farina**), l'ingrédient de base pour la garniture de la pizza est la sauce tomate : avec la mozzarella et l'origan pour la « **pizza napoletana** », avec les fruits de mer pour la « **pizza marinara** » (*marinière*), avec *les artichauts* (**i carciofini**), *le jambon* (**il prosciutto**) et *les champignons* (**i funghi**) pour la « **pizza capricciosa** ».

A12 Je dois - Je peux - Je sais

Je dois

téléphoner en France
m'en aller, il est tard
changer cent euros
partir avant que prévu
louer une voiture

Dois-je

payer au comptoir ou à la caisse ?

Je peux... / Est-ce que je peux ?

vous demander une faveur ?
fumer ici ?
m'asseoir à votre table ?
payer par carte de crédit ?
payer (au) comptant ?
fermer la fenêtre ?

Je sais

nager
jouer au poker
parler un peu l'italien
faire la cuisine (très bien cuisiner)
reconnaître un bon vin
que dimanche il y a le match Italie-France

A12 Devo - Posso - So

Devo

telefonare in Francia [fra-ntcha]
andare, è tardi
cambiare cento euro [èouro]
partire prima del previsto [prévisto]
affittare una macchina [af-fit-taré]

pagare al banco o alla cassa?

Posso

chiederle un favore? [kiédèrlé]
fumare qui?
sedermi al suo tavolo? [tavolo]
pagare con la carta di credito? [krèdito]
pagare in contanti ?
chiudere il finestrino?

So

nuotare
giocare a poker
parlare un po' italiano
cucinare molto bene
riconoscere un buon vino! [rikonochéré]
che domenica c'é la partita [doménika]
Italia-Francia

■ *devoir*, **dovere**, *pouvoir*, **potere**, *savoir*, **sapere** sont des verbes irréguliers

devo, *je dois*	**posso**, *je peux*	**so**, *je sais*
devi, *tu dois*	**puoi**, *tu peux*	**sai**, *tu sais*
deve, *il doit ...*	**può**, *il peut ...*	**sa**, *il sait ...*
dobbiamo	**possiamo**	**sappiamo**
dovete	**potete**	**sapete**
devono	**possono**	**sanno**

■ REMARQUE :

Dovere, **potere**, **sapere** et **volere** (unité 11) sont des verbes semi-auxiliaires; le verbe qui les suit est toujours à l'infinitif :

voglio andare a Roma,	*je veux aller à Rome*
devo pagare ?	*est-ce que je dois payer ?*
possiamo parlare ?	*pouvons-nous parler ?*
so leggere,	*je sais lire*

➨ RETENEZ AUSSI :

I mesi dell'anno[1]	*Les mois de l'année*	
gennaio	[djèn-**naïo**]	*janvier*
febbraio	[fèb-**braïo**]	*février*
marzo	[**mar**tso]	*mars*
aprile	[a**pri**lé]	*avril*
maggio	[**mad**-djo]	*mai*
giugno	[**djou**nyo]	*juin*
luglio	[**lou**lyo]	*juillet*
agosto	[a**gos**to]	*août*
settembre	[sèt-**tèm**bré]	*septembre*
ottobre	[ot-**to**bré]	*octobre*
novembre	[no**vèm**bré]	*novembre*
dicembre	[dit-**chèm**bré]	*décembre*

É il suo compleanno ?	***C'est son/votre anniversaire ?***
É il suo onomastico ?	***C'est sa/votre fête ?***

1. Les noms de mois, en italien comme en français, ne prennent pas de majuscule.

1. Que veut dire en français ?
a) Non dovete essere in ritardo.
b) Dobbiamo affittare due biciclette.
c) Potete pagare domani.
d) Devo prendere il treno.
e) Sapete cantare ?

2. Comment dites-vous en italien ?
a) *Sais-tu pourquoi il ne vient pas ?*
b) *Nous devons partir demain soir.*
c) *Ils peuvent venir en mars.*
d) *Je dois prendre cet avion.*
e) *Il sait très bien danser.*

3. À quel jour de l'année correspondent ces fêtes ?
a) Natale *(Noël)*
b) San Valentino
c) Festa del Lavoro
d) Ferragosto *(Assomption)*
e) Armistizio *(Armistice)*
f) Capodanno *(Jour de l'an)*

SOLUTIONS

1. a) *Vous ne devez pas être en retard.*
b) *Nous devons louer deux vélos.*
c) *Vous pouvez payer demain.*
d) *Je dois prendre le train.*
e) *Savez-vous chanter ?*

2. a) Sai perché non viene ?
b) Dobbiamo partire domani sera.
c) Possono venire in marzo.
d) Devo prendere questo aereo.
e) Sa ballare molto bene.

3. a) 25 dicembre
b) 14 febbraio
c) 1 maggio
d) 15 agosto
e) 11 novembre
f) 1 gennaio

Les plats typiques (I piatti tipici) du nord

La cuisine italienne est très simple, car c'est une cuisine populaire, mais très imaginative. Les éléments de base sont les pâtes, le riz, les légumes, le fromage, les fruits frais.
Il y a une grande différence entre ce que l'on mange au nord et au sud : le nord privilégie le riz, la **polenta** (sorte de bouillie de farine de maïs), le beurre, le lait, les charcuteries ; le sud privilégie les pâtes, l'huile d'olive, les légumes, le poisson, tous les ingrédients de la cuisine « méditerranéenne ».
La polenta est le plat traditionnel du Piémont, de la Lombardie et de la Vénétie : c'était ce que les paysans mangeaient tous les jours, sucrée ou salée selon les recettes. On la consomme d'habitude avec un plat en sauce ; elle est excellente avec le gibier.
Le « **risotto** » est aussi un plat répandu partout dans le Nord : le riz cuit dans un bouillon avec des légumes – *le potiron* (**la zucca**), *les petits pois* (**i piselli**), *les asperges* (**gli asparagi**), *les champignons* (**i funghi**), – ou bien des abats, ou tout simplement des épices comme *le safran* (**lo zafferano**), pour le « **risotto alla milanese** ».

A13 J'aime

J'aime (+ sing.)

le café italien
votre voiture!
lire
faire de longues promenades
discuter en italien

Je n'aime pas (+ sing.)

le mauvais temps
cette ville si moderne
la plage bondée
cette chambre
voyager seule

J'aime (+ plur.)

les glaces italiennes
les films policiers
ces spaghetti aux palourdes
ces sandales de couleur
ces vacances

Je n'aime pas (+ plur.)

les produits surgelés
les journaux à scandale
les animaux dans un restaurant
les personnes malpolies
les journées d'hiver

A13 Mi piace - Mi piacciono

Mi piace

il caffè italiano
la sua macchina!
leggere
fare lunghe passeggiate
discutere in italiano

Non mi piace

il brutto tempo
questa città così moderna
la spiaggia affollata
questa camera
viaggiare da sola

Mi piacciono [piatchono]

i gelati italiani
i film gialli
questi spaghetti alle vongole
questi sandali colorati
queste vacanze

Non mi piacciono

i prodotti surgelati
i giornali scandalistici [ska-ndalistitchi]
gli animali in un ristorante
le persone maleducate
le giornate invernali

■ **Mi piace** s'utilise avec un verbe à l'infinitif :
Mi piace leggere, *J'aime lire*
et devant un nom au singulier :
Mi piace la pizza, *J'aime la pizza* .
Mi piacciono s'utilise devant les noms au pluriel :
Mi piacciono i gatti, *J'aime les chats*

■ REMARQUE :
Le verbe **amare**, *aimer*, ne peut pas être utilisé en italien pour exprimer un goût ou une préference, mais seulement pour indiquer un sentiment amoureux : **ti amo**, *je t'aime.*

■ Les pronoms personnels indirects:

mi telefoni	*tu me téléphones*
ti dico	*je te dis*
gli parlo	*je lui parle (m)*
le parlo	*je lui parle (f)*
ci dai	*tu nous donnes*
vi spedisco	*je vous envoie*
chiedo loro	*je leur demande*
***gli chiedo**	*je leur demande*

(* langage familier)

➡ RETENEZ AUSSI :

Mi devi duecento euro	*Tu me dois 200 euros*
Vi possiamo telefonare	*Nous pouvons vous appeler*
Gli voglio dire la verità	*Je veux lui/leur dire la vérité*
Le devo chiedere scusa	*Je dois lui/vous demander de m'excuser*
Ti posso accompagnare?	*Puis-je t'accompagner?*
Ci vogliono parlare	*Ils veulent nous parler*

1. **Que veut dire en français ?**
   a) Non ci piace guidare questa macchina.
   b) Gli piacciono i film d'avventura.
   c) Giuseppe e Carla si amano.
   d) Ci piace il vostro gatto.
2. **Comment dites-vous en italien ?**
   a) *Vous n'aimez pas rester dans cet hôtel.*
   b) *Il aime les romans d'amour.*
   c) *Nous n'aimons pas aller à la mer.*
   d) *Tu dois voir le docteur* (il dottore).
3. **Mettre à la forme interronégative :**
   (ex. : Ti piace il mio gatto = Non ti piace il mio gatto?)
   a) Le piace stare in spiaggia.
   b) Vi piacciono le vacanze.

SOLUTIONS

1. a) *Nous n'aimons pas conduire cette voiture.*
   b) *Il aime/ils aiment les films d'aventure.*
   c) *Giuseppe et Carla s'aiment.*
   d) *Nous aimons votre chat.*
2. a) **Non vi piace restare in questo hotel.**
   b) **Gli piacciono i romanzi d'amore.**
   c) **Non ci piace andare al mare.**
   d) **Devi vedere il dottore.**
3. a) **Non le piace stare in spiaggia?**
   b) **Non vi piacciono le vacanze?**

Les plats typiques du Sud

Le climat du sud étant plus chaud, on y cultive beaucoup d'oliviers, toutes sortes de légumes, de fruits ; on y élève des chèvres et des brebis plutôt que des vaches et, par conséquent, la cuisine y est très différente.
On consomme beaucoup de pâtes au centre et au sud, accompagnées de sauces aux légumes : *aubergines* (**melanzane**) et **ricotta**, *brocolis* (**broccoli**), *courgettes* (**zucchine**), *poivrons* (**peperoni**), *tomates* (**pomodori**), ou tout simplement « **aglio, olio e peperoncino** » (*ail, huile* et *piments*).
Dans la cuisine du sud les plats sont en général aussi plus relevés, on utilise plus de piments, d'épices, d'herbes aromatiques. Une mention particulière aux gâteaux : le **tiramisù** de Venise, la **pannacotta** toscane, le **babà** napolitain, i **cannoli** siciliens, sans oublier le **panettone**, le seul gâteau national, présent sur toutes les tables à Noël.

Pouvez-vous me dire

votre nom ?
le prix de ce livre ?
quelle heure il est ?
à quelle heure part le train ?
qui est cette belle dame ?
quand nous arrivons à la gare ?
quand finit le spectacle ?
combien coûte cette robe/ce costume ?
à qui est cette belle maison ?
comment on arrive à la cathédrale ?

Pouvez-vous m'indiquer

la direction de l'aéroport ?
la route pour sortir de la ville ?
un bon restaurant ?
un magasin de jouets ?
où se trouve une station de service ?

Pouvez-vous me suggérer

où passer la soirée ?
le nom d'un bon hôtel ?
le nom d'une bonne pâtisserie ?
une alternative à la visite au musée ?
un itinéraire touristique pour aller à Rome?

A14 Può dirmi - indicarmi - suggerirmi ?

Può dirmi

il suo nome ?
il prezzo di questo libro ?
che ore sono ?
a che ora parte il treno?
chi è quella bella signora?
quando arriviamo alla stazione?
quando finisce lo spettacolo?
quanto costa questo vestito?
di chi è quella bella casa?
come si arriva alla cattedrale?

Può indicarmi

la direzione per l'aeroporto?
la strada per uscire dalla città?
un buon ristorante?
un negozio di giocattoli?
dove si trova un distributore?

Può suggerirmi

dove passare la serata?
il nome di un buon albergo?
il nome di una buona pasticceria?
un'alternativa alla visita al museo?
un itinerario turistico per andare a Roma?

■ Les pronoms personnels directs:

mi vede,	*il me voit*	**ci vede**,	*il nous voit*
ti vede,	*il te voit*	**vi vede**,	*il vous voit*
lo vede,	*il le voit*	**li vede**,	*il les voit* (m)
la vede,	*il la voit*	**le vede**,	*il les voit* (f)

■ **REMARQUE :**

Les pronoms personnels directs ou indirects, quand ils se rapportent à un verbe à l'infinitif, se placent toujours à la suite de celui-ci pour former un seul mot :

dirlo,	*le dire*	**indicarmi**,	*m'indiquer*
dirgli,	*lui dire*	**vederli/le**,	*les voir*
crederci,	*nous croire*	**raccontarti**,	*te raconter*

• Notez que l'infinitif perd alors le **-e** final.

➡ **RETENEZ AUSSI :**

100	**cento**
101	**centouno**
102	**centodue…**
200	**duecento**
300	**trecento**
1 000	**mille**
1 100	**millecento**
1 993	**millenovecentonovantatre**
2 000	**duemila**
3 000	**tremila…**
900 000	**novecentomila**
1 000 000	**un milione**
2 000 000	**due milioni…**
999 000 000	**novecentonovantanove milioni**
1 000 000 000	**un miliardo**
2 000 000 000	**due miliardi**

1. Que veut dire en français ?
a) Può parlare più lentamente ? .
b) Questo formaggio non voglio mangiarlo, non è fresco !
c) Vogliono dirci la verità.
d) Non vuole darmi la ricevuta.

2. Comment dites-vous en italien ?
a) *Ils veulent lui raconter leur voyage.*
b) *Quand elle me voit, elle me demande de te saluer.*
c) *Ce livre est très long, mais je dois le lire.*
d) *Parlez-vous français ?*
e) *Pouvez-vous me dire à quelle heure part le train pour Paris ?*

3. Écrivez en lettres les chiffres suivants :
a) 1250 b) 306 000 c) 4 950 000

SOLUTIONS

1. a) *Pouvez-vous parler plus lentement ?*
b) *Ce fromage, je ne veux pas le manger, il n'est pas frais.*
c) *Ils veulent nous dire la vérité.*
d) *Il ne veut pas me donner le reçu.*

2. a) **Vogliono raccontargli il loro viaggio.**
b) **Quando mi vede, mi chiede di salutarti.**
c) **Questo libro è molto lungo, ma devo leggerlo.**
d) **Parla/parlate francese?**
e) **Mi può dire a che ora parte il treno per Parigi?**

3. a) **milleduecentocinquanta** b) **trecentoseimila**
c) **quattro milioni novecento cinquanta milia**

Le foot (*il calcio*)

Le foot est le sport le plus suivi en Italie, on compte des millions de *supporters* (**i tifosi**) qui, chaque dimanche,sont prêts à tout pour suivre leur *équipe préférée* (**la squadra del cuore**) à la radio, à la télé ou dans les stades.
Le championnat national (**il campionato**) est le programme le plus suivi : le dimanche les chaînes de télévision nationales, privées et même régionales, interrompent leurs émissions pour donner *les résultats partiels* (**i parziali**), pour montrer des extraits, pour commenter. Il n'est pas rare de voir des « tifosi » se promener avec leur transistor à l'oreille, contents si « leur » équipe gagne, par contre très irritables si le résultat n'est pas favorable. Mais le vrai spectacle a lieu le lundi matin au bar, devant un *café serré* (**caffé ristretto**) : c'est le moment des discussions animées, des reproches, des petites vengeances personnelles, le tout autour du thème des matchs de la veille… et on attend avec impatience les matchs du dimanche suivant.

Hier

je suis allé au cinéma
Anne est arrivée en voiture
Paul est parti tôt
nous sommes allés à la campagne
Louise et Sylvie sont entrées gratuitement
avez-vous assisté au spectacle?

Il y a une demi-heure

ils ont demandé un renseignement
Paul a dit ce qu'il pense
Anne a écouté un disque
tu as eu peur d'être en retard
vous avez rencontré mes parents
j'ai déjeuné au bistrot

L'an dernier (l'année dernière)

vous êtes allés aux États-Unis
nous n'avons pas pris de vacances
j'ai gagné un concours de peinture
il/elle a acheté un bel appartement
vous avez eu du beau temps en août
nous sommes parti(e)s tard

A15 Ieri - Mezz'ora fa - L'anno scorso

Ieri

sono andato al cinema [**tchi**néma]

Anna è arrivata in macchina

Paolo è partito presto

siamo stati in campagna

Luisa e Silvia sono entrate gratis

avete assistito allo spettacolo? [spèt-**ta**kolo]

Mezz'ora fa

hanno chiesto un'informazione

Paolo ha detto quello che pensa

Anna ha ascoltato un disco

hai avuto paura di essere in ritardo

avete incontrato i miei genitori

ho pranzato in trattoria [trat-toria]

L'anno scorso

siete andati negli Stati Uniti

non abbiamo fatto vacanze

ho vinto un concorso di pittura

ha comprato un bell'appartamento

avete avuto bel tempo in agosto

siamo partiti/e tardi

■ LE PASSÉ COMPOSÉ s'utilise pour toute action qui a eu lieu dans un passé récent ou éloigné. Ce temps se forme, comme en français, avec **essere** ou **avere** suivi du participe passé:

andare	**credere**	**finire**
sono andato	ho creduto	hanno finito

■ REMARQUES

• En italien **essere** est son propre auxiliaire : **sono stato**, *j'ai été* et **avere** est auxiliaire d'**avere** : **ho avuto**, *j'ai eu*

• Comme en français, le participe s'accorde après **essere** :

Lisa è andata, *Lise est allée,*
Paolo è venuto, *Paul est venu,*

mais pas avec **avere** : **Luisa ha comprato**, *Louise a acheté*

• Retenez ces quelques participes irréguliers :

fare, *faire* ➡ **fatto,** *fait*
mettere, *mettre* ➡ **messo,** *mis*
dire, *dire* ➡ **detto,** *dit*
chiudere, *fermer* ➡ **chiuso,** *fermé*
vedere, *voir* ➡ **visto,** *vu*
venire, *venir* ➡ **venuto,** *venu*
prendere, *prendre* ➡ **preso,** *pris*
aprire, *ouvrir* ➡ **aperto,** *ouvert*
dare, *donner* ➡ **dato,** *donné*
stare, *rester, être* ➡ **stato,** *resté*

• ATTENTION **Mezz'ora fa**, *il y a une demi-heure*
L'adverbe de temps invariable **fa**, *il y a, voici* se place après l'unité ou la période de temps considérée :

Due anni fa, *voici deux ans,*
cinquante anni fa, *il y a cinquante ans*

➡ **RETENEZ AUSSI :**

Ieri ho ben dormito, *hier j'ai bien dormi*
L'altro ieri ho visto un film, *avant-hier j'ai vu un film*
Ieri l'altro ho visto un film, *avant-hier j'ai vu un film*
Due giorni fa sono partito, *je suis parti il y a deux jours*

1. Que veut dire en français ?

a) Ieri sono stato al cinema.
b) Avete avuto fortuna (chance) con il tempo?
c) Abbiamo comprato una macchina rossa.
d) Non credo a quello che ha detto.
e) Avete chiesto un'informazione?

2. Comment dites-vous en italien ?

a) *Combien de glaces as-tu achetées ?*
b) *Comment avez-vous trouvé le dîner ?*
c) *Ils ont acheté une nouvelle moto.*
d) *L'année dernière vous avez réservé en avance.*
e) *L'as-tu vu il y a une demi-heure ?*
f) *Anne est arrivée par avion.*

Solutions

1. a) *Hier j'ai été au cinéma.*
b) *Avez-vous eu de la chance avec le temps ?*
c) *Nous avons acheté une voiture rouge.*
d) *Je ne crois pas à ce qu'il a dit.*
e) *Avez-vous demandé un renseignement ?*

2. a) **Quanti gelati hai comprato?**
b) **Come avete trovato la cena?**
c) **Hanno comprato una nuova moto.**
d) **L'anno scorso avete prenotato in anticipo.**
e) **L'hai visto mezz'ora fa?**
f) **Anna è arrivata in aereo.**

La Vespa

La deuxième guerre mondiale venait de s'achever et une grande époque allait commencer : l'ère de la Vespa. L'impact sur le peuple fut foudroyant : après des décennies où les gens les plus démunis ne pouvaient se déplacer qu'à pied ou à vélo, voilà une authentique révolution : une moto pas chère, maniable, confortable, presque familiale avec son double siège et l'espace protégé devant où un enfant (et pourquoi pas deux ?) peut rester debout, le rêve devenait réalité.
Cela fait plus de soixante ans que le design de la Vespa reste inchangé, une image chère aux Italiens, liée à l'idée de liberté, de vacances, de jeunesse.
Nanni Moretti a rendu ce scooter inoubliable dans son film « **Caro Diario** » (*Journal intime*), pendant une demi-heure, on le voit en train de parcourir les rues de Rome, en été, à bord de sa Vespa bleue

A16 Aujourd'hui - Demain

Aujourd'hui

je suis content/contente

j'ai envie de marcher

je vais à Rome

je viens chez toi

je peux t'appeler à 3h

je dois aller chez le docteur

je connais les résultats de l'examen

je déjeune au restaurant

je lave la voiture

Demain

je serai content (car je pars)

j'aurai le temps

j'irai à Rome

je viens chez toi

je pourrai te téléphoner à 3h

je dois aller chez le docteur

je connaîtrai les résultats de l'examen

je déjeune au restaurant

je lave la voiture

Oggi - Domani

Oggi

sono contento/contenta

ho voglia di camminare

vado a Roma

vengo a casa tua

posso telefonarti alle 3

devo andare dal dottore

so i risultati dell'esame

pranzo al ristorante

lavo la <u>mac</u>china

Domani

sarò contento (perchè parto)

avrò tempo

vado a Roma

vengo a casa tua

posso telefonarti alle 3

devo andare dal dottore

saprò i risultati dell'esame

pranzo al ristorante

lavo la <u>mac</u>china

■ LE FUTUR en italien s'utilise très peu dans la langue parlée, en particulier si le temps futur est indiqué par un adverbe de temps, ex: **domani** = *demain*
l'anno prossimo = *l'an(née) prochain(e)*
fra un'ora = *dans une heure*
fra 10 anni = *dans 10 ans*

Cependant, dans une phrase simple, l'auxiliaire préfère toujours être conjugué au futur:

essere	*être*	**avere**	*avoir*
sarò	*je serai*	**avrò**	*j'aurai*
sarai	*tu seras*	**avrai**	*tu auras*
sarà	*il/elle sera*	**avrà**	*il/elle aura*
saremo	*nous serons*	**avremo**	*nous aurons*
sarete	*vous serez*	**avrete**	*vous aurez*
saranno	*ils/elles seront*	**avranno**	*ils/elles auront*

■ **RAPPELS :**
- La troisième personne du singulier sert aussi de forme de politesse : **sarà**, *il/elle sera, vous serez.*
- Lorsque la syllabe finale est accentuée, elle porte un accent : **avrà**, [avra], *il/elle aura, vous aurez.*

■ Pour la conjugaison du futur des verbes réguliers et irréguliers, se rapporter au mémento grammatical.

➠ **RETENEZ AUSSI**

Che ore sono? — *Quelle heure est-il ?*
Saranno le 10 — *Il doit être 10 h.*
Che cosa fa Ugo? — *Qu'est-ce qu'il fait, Hugues ?*
Dormirà ancora — *Il dort probablement encore.*
Dov'è Anna? — *Où est Anne ?*
Guarderà la televisione — *Elle regarde probablement la télévision.*

ENTRAÎNEZ-VOUS

1. Que veut dire en français ?
a) Partiamo domani mattina.
b) Fra tre giorni è domenica.
c) Ceniamo fra 10 minuti.
d) Arrivano fra due giorni.
e) Oggi partite e domani saremo tristi.
f) Lavoro quest'estate, perché quest'inverno non avrò il tempo.

2. Comment dites-vous en italien ?
a) *Ils arriveront le mois prochain.*
b) *Il est probablement 11 h.*
c) *Le mois prochain nous serons en septembre.*
d) *Je travaille cet été, mais je ne travaillerai pas l'été prochain.*
e) *Tu ne pourras pas l'appeler à 9 h.*

3. Traduisez les formes verbales :
a) andrò b) sarete c) avranno

SOLUTIONS

1. a) *Nous partirons demain matin.*
b) *Dans trois jours il sera dimanche.*
c) *Nous dînerons dans dix minutes.*
d) *Ils arriveront dans deux jours.*
e) *Vous partez aujourd'hui, et demain nous serons tristes.*
f) *Je travaille cet été, car cet hiver je n'aurai pas le temps.*

2. a) **Arrivano il mese prossimo.**
b) **Saranno le 11.**
c) **Il mese prossimo siamo in settembre.**
d) **Lavoro quest'estate, ma non lavoro l'estate prossima.**
e) **Non puoi chimarlo alle 9.**

3. a) **J'irai** b) **Vous serez** c) **Ils auront**

La Cinquecento

Exactement douze ans après l'apparition sur le marché de la **Vespa**, les Italiens pouvaient enfin réaliser un autre rêve jusqu'alors irréalisable : l'achat d'une voiture. De 1957 jusqu'à 1975 la **FIAT** a produit dans ses établissements 3 800 000 **Cinquecento** : une véritable invasion de petites, très petites voitures à la portée de tous. Les secrets de ce succès : le prix d'abord, puis sa solidité, ensuite la taille – elle est devenue la voiture idéale en ville, sa petite taille n'ayant connu à ce jour qu'une concurrente, la **Smart**, mais la **Smart** de base n'a que deux places, la **Cinquecento** est une véritable 2 + 2 !!! La **Cinquecento** a été pendant des années la première voiture des jeunes, symbole, comme la Vespa dix ans auparavant, de jeunesse et de liberté.

A17 Avant - Après - Pendant

Avant

de partir, nous voulons vous dire au-revoir
de quitter Rome, je dois l'appeler
7h je serai à la maison
la fin du film j'ai compris le mystère
ton appel, Louis m'a téléphoné

Après

le théâtre nous sommes allés chez moi
ce qui s'est passé, j'ai eu peur
avoir lu le journal il m'a appelé
7 h, tous les magasins sont déjà fermés
vous, monsieur Rossi !

Pendant

le film j'ai dîné
la guerre, beaucoup de gens ont souffert de la faim
la leçon, le directeur est venu
le voyage je n'ai pas mangé
toute cette période j'ai attendu de ses nouvelles

2 minutes il y a eu une interruption d'électricité
10 ans ils ne se sont jamais parlés
7 mois il n'a pas travaillé
très longtemps j'ai vécu en Allemagne, puis ici
toute ma vie je me suis levée à 5 h

A17 Prima - Dopo - Durante - Per

Prima

di partire vogliamo salutarvi
di lasciare Roma, devo telefonargli
delle 7 sarò a casa
della fine del film, ho capito il mistero
di te, mi ha telefonato Luigi

Dopo

il teatro siamo andati a casa mia
quello che è successo, ho avuto paura
aver letto il giornale, mi ha telefonato
le 7, tutti i negozi sono già chiusi
di lei, signor Rossi!

Durante

il film, ho cenato
la guerra, molti hanno sofferto la fame
la lezione, è venuto il direttore
il viaggio, non ho mangiato
tutto questo periodo, ho aspettato sue notizie

Per 2 minuti è mancata la luce
10 anni non si sono mai parlati
7 mesi non ha lavorato
molto tempo ho vissuto in Germania, poi qui
tutta la vita mi sono alzata alle 5

■ LES ADVERBES DE TEMPS **durante** et **per** traduisent le français *«pendant»:*

Per est utilisé quand la période de temps est très définie, et déterminée par un chiffre, ex:

Per tutta la vita	*pendant toute la vie*
Per 7 anni	*pendant 7 ans*

Durante s'utilise devant un nom, ex:

Durante la guerra	*pendant la guerre*
Durante il film	*pendant le film*

et en tout cas quand il s'agit d'une période de temps très limitée.

■ COMMENT DISTINGUER **per** et **durante** ?

Per et **durante** ne sont pas interchangeables : **per** ne s'emploie pas avec un nom seul, **durante** (*pendant*, mais aussi *au cours de*) ne s'emploie pas avec une unité de temps.

➡ **RETENEZ AUSSI**

a sinistra		*à gauche*
a destra		*à droite*
dritto/diritto		*tout droit*
di fronte		*en face*
davanti		*devant*
dietro		*derrière*
fuori		*dehors*
dentro		*dedans*
di fianco		*à côté*
sotto / giù		*sous / en bas*
sopra / su		*sur / en haut*
andare fuori	**= uscire**	*sortir*
andare dentro	**= entrare**	*entrer*
andare sopra	**= salire**	*monter*
andare giù	**= scendere**	*descendre*

1. Que veut dire en français ?
a) Il gatto è andato sotto il tavolo.
b) Ho letto un articolo su questo problema.
c) Prima di andare via, saluta la signora !
d) Per la cattedrale, si deve andare a destra e poi a sinistra.
e) La farmacia è di fronte al bar.

2. Comment dites-vous en italien ?
a) *Il a travaillé en France pendant toute sa vie.*
b) *L'église est à côté de l'hôtel, en face du cinéma.*
c) *Pour le musée, on doit aller à droite, et à gauche après le pont (**il ponte**).*
d) *Après avoir mangé, j'aime prendre un digestif (**il digestivo**).*

Solutions

1. a) *Le chat est allé sous la table.*
b) *J'ai lu un article sur ce problème.*
c) *Avant de partir, dis au revoir à la dame !*
d) *Pour la cathédrale, on doit aller à droite, puis à gauche.*
e) *La pharmacie est en face du bar.*

2. a) Per tutta la vita ha lavorato in Francia.
b) La chiesa è di fianco all'hotel, di fronte al cinema.
c) Per il museo si deve andare a destra e a sinistra dopo il ponte.
d) Dopo aver mangiato mi piace prendere un digestivo.

L'opéra

Tous les Italiens sont amoureux d'opéra et de « **bel canto** » et sont très fiers de la réputation de leurs compositeurs : **Monteverdi, Puccini, Verdi, Rossini**, et de leurs ténors : **Caruso, Gigli** et plus récemment **Pavarotti**. *La saison lyrique* (**stagione lirica**), traditionnelle dans les théâtres de chaque ville italienne est attendue avec impatience, et non seulement dans les grands théâtres comme **La Scala** de *Milan*, le **San Carlo** de *Naples*, ou le **Regio** de **Parme**.
Mais la saison lyrique la plus attendue est sans doute celle de l'**Arena** de *Vérone*, où les représentations ont lieu en plein air, dans un amphithéâtre romain. Le public est assis sur les gradins, fasciné par la musique, par le son parfait et par l'atmosphère magique de ce merveilleux théâtre ancien.

A18 Depuis - Dans - En - Il y a

Depuis

Je le connais *depuis* 5 ans

Le film est commencé *depuis* 20 minutes

Je viens ici en vacances *depuis* très longtemps

Il pleut *depuis* 15 jours

Ils travaillent *depuis* 4h de l'après-midi

Dans

Nous partirons *dans* 2 jours

Il va pleuvoir

Ils arriveront *dans* quelques jours

Nous nous verrons *dans* un mois?

Nous dînerons *dans* une demi-heure

En

J'ai lu ce livre *en* 2 jours

Nous sommes arrivés à la frontière *en* 6 heures

Ce travail sera terminé *en* 10 jours

Il a compris *en* un clin d'œil

Nous ferons l'aller-retour *en* une heure

Il y a

Je l'ai connu *il y a* un an

A18 Da - Fra - In - Fa

Da

Lo conosco da cinque anni

Il film è cominciato da 20 minuti

Vengo qui in vacanza da molto tempo

Piove da quindici giorni

Lavorano dalle 4 del pomeriggio

Fra

Partiamo fra due giorni

Fra poco piove

Arrivano fra qualche giorno

Ci vediamo fra un mese?

Ceniamo fra mezz'ora

In

Ho letto questo libro in due giorni

Siamo arrivati alla frontiera in sei ore

Questo lavoro sarà finito in dieci giorni

Ha capito in un batter d'occhio (immediatamente)

Andiamo e torniamo in un'ora

Fa

L'ho conosciuto un anno fa

■ DA, FRA, IN

■ **Da** nous indique le moment où une action a commencé dans le passé, ex:

Parlo da 10 minuti = *Je parle depuis 10 minutes (j'ai commencé à parler il y a 10 minutes)*

■ **Fra** nous donne le moment **dans le futur** où l'action commencera, ex:

Lo vedi fra 10 minuti = *Tu le verras dans 10 minutes.*

■ **In** peut être utilisé dans le présent, passé ou le futur, et nous indique le temps nécessaire pour terminer une action, ex. :

Finiamo / abbiamo finito / finiremo in 2 ore
Nous finissons / avons fini / finirons dans deux heures.

■ **Fa** indique le moment où se termine une action, ex. :

Ho finito due ore fa
J'ai terminé il y a deux heures.

➡ RETENEZ AUSSI :

- *Je vais* (futur immédiat) = **sto per** ou **fra poco** + présent :
  sto per tornare = fra poco torno *je vais rentrer*
  sto per dirti = fra poco ti dico *je vais te dire*
  sto per vederlo = fra poco lo vedo *je vais le voir*
  sto per partire = fra poco parto *je vais partir*
- *venir de* (passé proche) = **avere** + **appena** + participe passé :
  l'ho appena visto *je viens de le voir*
  ti ho appena detto *je viens de te dire*
  gli ho appena spiegato *je viens de lui expliquer*
  sono appena arrivato *je viens d'arriver*

1. Que veut dire en français ?

a) Da quanto tempo lo conoscete ?
b) Lo abbiamo frequentato per un anno.
c) Arrivano fra 10 giorni e restano per un mese.
d) Ti hanno aspettato per un' ora davanti al bar.

2. Comment dites-vous en italien ?

a) *Je viens d'arriver et je reste pendant toutes les vacances.*
b) *Ils font l'aller-retour en vingt-quatre heures.*
c) *Il va pleuvoir.*
d) *Ils ne sont pas venus depuis longtemps.*
e) *Le concert a commencé il y a une demi-heure.*

3. Complétez selon l'indication du temps du verbe :

a) Noi (conoscere loro) … 20 anni passé… présent…
b) Noi (cenare) … 10 minuti futur… passé…

Solutions

1. a) *Depuis combien de temps le connaissez-vous ?*
b) *Nous l'avons fréquenté pendant un an.*
c) *Ils arriveront dans dix jours et resteront pendant un mois.*
d) *Ils t'ont attendu pendant une heure devant le bar.*

2. **a) Sono appena arrivato e resto durante tutte le vacanze.**
b) Vanno e tornano in ventiquattr'ore.
c) Fra poco piove/Sta per piovere.
d) Non sono venuti da molto tempo.
e) Il concerto è cominciato mezz'ora fa.

3. a) Li abbiamo conosciuti vent' anni fa/Li conosciamo da vent' anni.
b) Ceniamo fra dieci minuti/Abbiamo cenato dieci minuti fa.

Le cinéma

Comme l'on bien montré **Ettore Scola** dans *Splendor* et **Giuseppe Tornatore** dans *Cinema Paradiso*, les Italiens aimaient énormément aller au cinéma, jusqu'à l'arrivée de la télé…
Le cinéma italien a été reconnu à un niveau international avec *Rome ville ouverte* (*Roma Città Aperta*) de **Rossellini**, et depuis des metteurs en scène italiens comme **Risi**, **Comencini**, **Pasolini**, **Visconti**, **Fellini**, **Rosi**, **Antonioni**, les frères **Taviani**, **Olmi**, **Bertolucci**, **Moretti** et **Benigni** ont très largement gagné leur place dans l'histoire du cinéma mondial. Sans oublier **Sergio Leone** et ses « westerns spaghetti » qui ont fait sourire tant de spectateurs dans le monde entier.

A19 Je voudrais, J'aimerais - Je ferais...

Je voudrais

un café à l'eau de vie, s'il vous plaît
essayer les chaussures (qui sont) en vitrine
conduire ta voiture, tu me laisses?
être riche et avoir du temps pour voyager

J'aimerais

goûter à ce vin spécial
aller en Chine, mais je n'ai pas le temps
visiter Florence et Sienne aussi
être maigre comme Franck

Je ferais

bien du stop, mais j'ai peur
tout mon possible pour toi, tu le sais
mieux de dire ce que je pense
bien laver la voiture, mais il pleut

Je payerais

comptant, mais je n'ai pas de monnaie

Je dormirais

mais il y a trop de bruit

Je resterais

encore un jour, mais je n'ai plus d'argent

Je prendrais

volontiers quelque chose à boire

Je laisserais

un pourboire, mais je ne sais pas combien

A19 Vorrei - Mi piacerebbe - Farei...

Vorrei

un caffé corretto grappa, per favore
provare le scarpe (che sono) in vetrina
guidare la tua macchina, mi lasci?
essere ricca e avere tempo per viaggiare

Mi piacerebbe

assaggiare questo vino speciale
andare in Cina, ma non ho tempo
visitare anche Firenze e Siena
essere magro come Franco

Farei

l'autostop, ma ho paura
il possibile per te, lo sai
meglio a dire quello che penso
lavare la macchina, ma piove

Pagherei

in contanti, ma non ho spiccioli

Dormirei

ma c'è troppo rumore

Resterei

ancora un giorno, ma non ho più soldi

Prenderei

volentieri qualcosa da bere

Lascerei

una mancia, ma non so quanto

■ LE CONDITIONNEL exprime un souhait, un désir. La conjugaison des auxiliaires:

ESSERE *être*		AVERE *avoir*	
sarei	*je serais*	**avrei**	*j'aurais*
saresti	*tu serais*	**avresti**	*tu aurais*
sarebbe	*il/elle serait*	**avrebbe**	*il/elle aurait*
saremmo	*nous serions*	**avremmo**	*nous aurions*
sareste	*vous seriez*	**avreste**	*vous auriez*
sarebbero	*ils/elles seraient*	**avrebbero**	*ils/elles auraient*

*Pour la conjugaison du conditionnel des verbes réguliers et irréguliers, se rapporter aux notes grammaticales en fin d'ouvrage.

➡ **RETENEZ AUSSI :**

Vorrei provare *Je voudrais essayer l* "	**il vestito blu** *la robe bleue* **la gonna bianca** *la jupe blanche*
Potrei vedere *Pourrais-je voir* "	**il maglione rosa ?** *le pull rose ?* **i pantaloni viola ?** *le pantalon violet ?*
Sarebbe possibile provare *Serait-il possible d'essayer*	**il costume giallo ?** *le maillot (de bain) jaune ?* **il golf marrone ?** *le cardigan marron ?*
Potrebbe farmi vedere *Pourriez-vous me montrer*	**la maglietta nera ?** *le Tshirt noir ?* **le scarpe verdi ?** *les chaussures vertes ?*

1. Que veut dire en français ?
a) Vorrei essere in forma per la festa.
b) Vorrei provare le scarpe nere che sono in vetrina.
c) Mi farebbe vedere quel tavolo antico ?
d) Mi piacerebbe tornare a casa presto questa sera.
e) Ti piacerebbe accompagnarmi a Roma?

2. Comment dites-vous en italien?
a) *Je voudrais un journal français.*
b) *Je voudrais un café après le déjeuner.*
c) *J'aimerais appeler Robert.*
d) *Serait-il possible d'essayer le pull vert en vitrine ?*

SOLUTIONS

1. a) *Je voudrais être en forme pour la fête.*
b) *Je voudrais essayer les chaussures noires qui sont en vitrine.*
c) *Pourriez-vous me montrer cette table ancienne ?*
d) *J'aimerais rentrer à la maison tôt ce soir.*
e) *Aimerais-tu m'accompagner à Rome ?*

2. a) **Vorrei un giornale francese.**
b) **Vorrei un caffé dopo pranzo.**
c) **Mi piacerebbe chiamare Roberto.**
d) **Sarebbe possibile provare il maglione verde in vetrina?**

Les mots étrangers en italien

De manière générale l'italien est une langue qui absorbe facilement les mots étrangers. Les mots anglais sont fréquents pour ce qui est du vocabulaire technique, économique et scientifique ; mais on trouve aussi beaucoup de mots français : *applique, cache-pot, bibelot, bonbon, crêpe de Chine, crêpe georgette, tailleur* (un ensemble veste et jupe pour femme), *jacquard, collier, cabochon, décolleté, cabriolet, bidet, peluche, bébé.* Si on va chercher parmi les mots de la cuisine, on trouve : *omelette, charlotte, béchamel, mayonnaise* (**maionese**), *buffet, menu, choux* (pour la pâtisserie), *brioche, gratin, flan, purée, coulis, fondants, chantilly.* C'est facile l'italien, n'est-ce pas ?

A20 Je pense - Je crois - Je suppose...

Je pense
qu'il serait bien d'aller en Italie
que Mario aussi voudrait venir avec nous
que c'est une bonne idée
que tu as raison
qu'il vaudrait mieux changer d'hôtel

Je crois
qu'il pourrait se fâcher
qu'il devrait prévenir s'il ne vient pas
qu'il y a une table réservée au nom de Dupont
que ce que vous proposez est possible, madame
que je ferais mon possible pour ne pas y aller

Je suppose
que nous devrions prévenir de notre retard
que l'hôtel est complet en août
que l'hôtel a une plage privée
qu'il ne devrait pas être difficile de téléphoner
que le petit déjeuner est compris dans le prix

Je doute
que le col soit ouvert en hiver

Je crains
que la chambre n'ait pas de salle de bains

Je ne crois pas
qu'il soit tard pour arriver à cette heure-ci

Je ne pense pas
que votre chien soit accepté dans le restaurant

J'ai peur
qu'il ne soit pas possible de réserver pour demain

A20 Penso - Credo - Suppongo...

Penso

che sarebbe bello andare in Italia
che anche Mario vorrebbe venire con noi
che sia una buona idea
che tu abbia ragione
che sarebbe meglio cambiare hotel

Credo

che potrebbe arrabbiarsi
che dovrebbe avvertire se non viene
che ci sia un tavolo prenotato a nome Dupont
che quello che propone sia possibile, signora
che farei il possibile per non andare

Suppongo

che dovremmo avvertire del nostro ritardo
che l'hotel sia completo in agosto
che l'hotel abbia una spiaggia privata
che non dovrebbe essere difficile telefonare
che la colazione sia inclusa nel prezzo

Dubito

che il passo sia aperto in inverno

Temo

che la camera non abbia il bagno

Non credo

che sia tardi per arrivare a quest'ora

Non penso

che il suo cane sia accettato nel ristorante

Ho paura

che non sia possibile prenotare per domani

■ LES VERBES D'OPINION **pensare** *(penser)*, **credere** *(croire)*, **supporre** *(supposer)*, etc.sont suivis:

- du subjonctif quand ils expriment une opinion, ex:
  credo che sia tardi = *je crois qu'il est tard*
- du conditionnel quand ils expriment une possibilité matérielle, ex :
  credo che verrebbe con noi = *je crois qu'il viendrait avec nous.*

■ **REMARQUE :**

Les verbes de crainte **temere, aver paura, dubitare, non credere, non pensare**, etc. sont toujours suivis du subjonctif, ex:

dubito che sia vero = j*e doute que ce soit vrai*
ho paura che sia vero = j*'ai peur que ce soit vrai*

■ La conjugaison des auxiliaires au subjonctif présent:

ESSERE		AVERE	
che io **sia**	*que je sois*	che io **abbia**	*que j'aie*
che tu **sia**	*que tu sois*	che tu **abbia**	*que tu aies*
che lui/lei **sia**	*qu'il/elle soit*	che lui/lei **abbia**	*qu'il/elle ait*
che noi **siamo**	*que nous soyons*	che noi **abbiamo**	*que nous ayons*
che voi **siate**	*que vous soyez*	che voi **abbiate**	*que vous ayez*
che loro **siano**	*qu'ils/elles soient*	che loro **abbiano**	*qu'ils/elles aient*

➡ **RETENEZ AUSSI :**

Spero che domani venga
J'espère que demain il viendra
E' possibile che abbia dimenticato
Il est possible qu'il ait oublié
Non sono sicuro che abbia capito
Je ne suis pas sûr qu'il ait compris
Mi dispiace che Carlo sia partito
Je suis desolé que Charles soit parti
E' impossibile che abbia mentito
Il est impossible qu'il ait menti
E' meglio che vada via
Il vaut mieux que je m'en aille (que tu t'en ailles / qu'il s'en aille)

1. Que veut dire en français ?

a) **Non sono sicuro che sia troppo tardi per partire.**
b) **Credo che pagare in Francia sia una buona idea.**
c) **Ho paura che Paolo non abbia preso le chiavi di casa.**
d) **E' meglio che partiamo domani mattina presto.**

2. Comment dites-vous en italien ?

a) *Je ne suis pas sûr qu'il soit en retard.*
b) *Nous avons peur qu'il soit trop jeune pour conduire.*
c) *J'espère que demain le temps ne sera pas mauvais.*
d) *Je ne pense pas que le chat sera accepté dans l'hôtel.*

SOLUTIONS

1. a) *Je ne suis pas sûr qu'il soit trop tard pour partir.*
b) *Je pense que payer en France est une bonne idée.*
c) *J'ai peur que Paul n'ait pas pris les clefs de la maison.*
d) *Il vaut mieux que nous partions tôt demain matin.*

2. a) **Non sono sicuro che sia in ritardo.**
b) **Abbiamo paura che sia troppo giovane per guidare.**
c) **Spero che domani il tempo non sia brutto.**
d) **Non penso che il gatto sia accettato all'hotel.**

Les dialectes

La langue italienne, en tant que langue nationale parlée par toute la population, est relativement jeune. Il y a cinquante ans la plupart de la population parlait encore le dialecte local, et l'italien était appris à l'école comme s'il s'agissait d'une langue étrangère. La radio d'abord, et la télévision ensuite, ont été des outils formidables dans le processus de transformation des mœurs linguistiques des Italiens : deux générations leur ont suffi pour apprendre à utiliser l'italien au quotidien. Les dialectes sont aujourd'hui peu utilisés, et en tout cas tout le monde parle et comprend l'italien.

B1

Voyager en voiture ou à moto

Viaggiare in macchina o in moto

le voyageur	**il passeggero / il viaggiatore**
les bagages	**i bagagli**
la valise	**la valigia**
passer la douane	**passare la dogana**
déclarer quelque chose	**dichiarare qualcosa**
passer la frontière	**passare la frontiera**
le passeport	**il passaporto**
la carte d'identité	**la carta d'identità**
l'assurance	**l'assicurazione**
l'assurance (pour l'etranger)	**la carta verde**
l'autoroute	**l'autostrada**
le restoroute	**l'autogrill**
la station de service	**la stazione di servizio**
faire le plein	**fare il pieno**
l'essence	**la benzina**
le garage	**il garage / l'officina meccanica**
la panne	**il guasto**
le pneu	**la gomma**
l'autostop	**l'autostop**
le (poste de) péage	**il casello / la barriera**
le camion	**il camion**
la limitation de vitesse	**il limite di velocità**
le casque	**il casco**
aller à l'etranger	**andare all'estero**
conduire	**guidare**
garer	**parcheggiare**
dépasser	**sorpassare**
le feu de signalisation	**il semaforo**
le coffre	**il baule**
le capot	**il cofano**
les phares	**i fari**
les clignotants	**la freccia**
les freins	**i freni**
la roue de secours	**la ruota di scorta**
le dépanneur	**il carro attrezzi**
la fourrière	**il deposito**

B1

ENTRAÎNEZ-VOUS

1. Que veut dire en français:
a) Quest'anno siamo andati all'estero.
b) Ci fermiamo all'autogrill per fare il pieno e per mangiare.
c) Quel camion mi ha sorpassato dieci minuti fa.
d) Non ha visto il semaforo.
e) In Italia la benzina è molto cara.

2. Comment dites-vous en italien:
a) Je ne fais pas d'autostop car j'ai peur.
b) Le restoroute est à 35 km.
c) Notre voiture est en panne.

3. Trouvez la traduction appropriée:

1) *essence*	a) casello
2) *feu de signalisation*	b) gomma
3) *pneu*	c) benzina
4) *poste de péage*	d) semaforo

SOLUTIONS

1. *a) Cette année nous sommes allés à l'étranger.*
b) On s'arrête au restoroute pour faire le plein et pour manger.
c) Ce camion m'a doublé il y a dix minutes.
d) Il n'a pas vu le feu.
e) En Italie l'essence est très chère.

2. **a) Non faccio l'autostop perchè ho paura.**
b) L'autogrill è a 35 km.
c) La nostra macchina è guasta.

3. 1) c 2) d 3) b 4) a

Les autoroutes et le système de transports

Le réseau routier est très développé en Italie, et on peut aller presque partout, des Alpes à la Sicile, par autoroute. Les autoroutes sont très bien entretenues et leur prix est un peu moins élevé qu'en France. Attention à la couleur des panneaux qui est différente en Italie : panneau vert pour les autoroutes et panneau bleu pour les nationales. Les autoroutes sont gratuites au sud de Naples, et partout au sud de l'Italie. Pendant le voyage on peut s'arrêter dans une *aire de service* (**autogrill**) pour se restaurer, se détendre, et parfois aussi pour faire du shopping. La voiture est de loin le système de transport le plus apprécié des Italiens.

L'AVION	L'AEREO
l'aéroport	**l'aeroporto**
la réservation	**la prenotazione**
la liste d'attente	**la lista d'attesa**
la carte d'embarquement	**la carta d'imbarco**
le vol numéro…	**il volo numero…**
l'hotesse	**la hostess**
attacher les ceintures	**allacciare le cinture**
interdiction de fumer	**vietato fumare**
décoller	**decollare**
atterir	**atterrare**
le duty free	**il duty free**
le bagage à main	**il bagaglio a mano**
fumeurs/non-fumeurs	**fumatori/ non fumatori**
LE TRAIN	IL TRENO
l'horaire	**l'orario ufficiale**
le billet aller/retour	**il biglietto di andata e ritorno**
la gare	**la stazione**
le quai	**il binario/il marciapiede**
le compartiment	**lo scompartimento**
la place assise	**il posto a sedere**
le contrôleur	**il controllore**
la couchette	**la cuccetta**
le wagon-lit	**il vagone letto**
le wagon-restaurant	**il vagone ristorante**
L'AUTOCAR, LE CAR	IL PULLMAN/LA CORRIERA
le conducteur	**l'autista/il conducente**
la soute	**il bagagliaio**
la siège inclinable	**il sedile inclinabile**
LE BATEAU	LA NAVE
le port	**il porto**
la traversée	**la traversata**
l'aéroglisseur	**l'aliscafo**
la croisière	**la crociera**
le pont	**il ponte**
la cabine	**la cabina**

ENTRAÎNEZ-VOUS

1. Que veut dire en français :
a) Viaggiamo sempre in aereo.
b) In questo scompartimento è vietato fumare.
c) Vorrei un biglietto di andata e ritorno per Napoli.
d) L'aliscafo parte alle 10 e 30 (dieci e trenta).
e) L'aeroporto è lontano dalla città.

2. Comment dites-vous en italien :
a) J'ai mis mes bagages dans la soute.
b) Je n'ai que deux petites valises.
c) J'ai demandé un verre d'eau à l'hôtesse.
d) Nous sommes sur la liste d'attente.

3. Mettez au pluriel :
a) l'aereo — b) il ponte
c) la hostess — d) la crociera

SOLUTIONS

---

1. *a) Nous voyageons toujours par avion.*
b) Dans ce compartiment il est interdit de fumer.
c) Je voudrais un billet A/R pour Naples.
d) L'aéroglisseur part à 10h30.
e) L'aéroport est loin de la ville.

2. a) Ho messo i miei bagagli nel bagagliaio.
b) Non ho che due piccole valige.
c) Ho chiesto un bicchiere d'acqua alla hostess.
d) Siamo sulla lista d'attesa.

3. a) gli aerei b) i ponti c) le hostess d) le crociere

Les Ferrovie dello Stato (F.S.)

Pendant très longtemps les trains italiens ont souffert d'une très mauvaise réputation : lents, sales, et toujours en retard; le seul point positif était leur prix très peu élevé. Les F.S. ont fait un réel effort pour s'aligner avec les standards des autres pays européens et, de nos jours, voyager en train en Italie est un vrai plaisir : les trains sont modernes et confortables, ils partent et arrivent à l'heure, et vont beaucoup plus vite: le **Pendolino**, le TGV entre Rome et Milan, couvre la distance entre ces deux villes (600 km) en 4 heures.

Au café
Al bar

le café	allongé serré déca noisette	**il caffé**	**lungo** **ristretto** **hag** **macchiato**
le cappuccino		**il cappuccino**	
le thé	au citron au lait	**il té**	**al limone** **al latte**
un verre de lait	froid chaud	**un bicchiere di latte**	**freddo** **caldo**
le sucre		**lo zucchero**	
le verre d'eau	plate minérale	**il bicchiere di acqua**	**naturale** **minerale**
la limonade		**la gazosa**	
l'orangeade		**l'aranciata**	
la citronnade		**la limonata**	
le jus de fruit	à la pêche à la poire à l'abricot	**il succo di frutta**	**alla pesca** **alla pera** **all'albicocca**
l'orange pressée		**la spremuta d'arancia**	
la bière	nationale étrangère	**la birra**	**nazionale** **estera**
le verre de vin	rouge blanc rosé	**il bicchiere di vino**	**rosso** **bianco** **rosato**
le sandwich	type anglais	**il panino**	**il tramezzino**
le croissant		**il cornetto/la brioche**	[brioch]
la glace		**il gelato**	
la granité	à la menthe au citron au café	**la granita**	**alla menta** **al limone** **al caffé**
la chantilly		**la panna montata**	

B3

ENTRAÎNEZ-VOUS

1. Que veut dire en français :

a) Vorrei un caffé ristretto.
b) Questo panino è molto buono.
c) Abbiamo gelati alla frutta.
d) Prendiamo una spremuta d'arancia e un bicchiere di latte.

2. Comment dites-vous en italien :

a) Je veux un cappuccino et deux croissants.
b) Je n'aime pas la bière italienne.
c) Nous voulons une glace au café avec de la chantilly.
d) J'ai pris un sandwich au bar.

3. Trouver la traduction appropriée :

1) *croissant*	**a) gelato**
2) *glace*	**b) acqua**
3) *eau*	**c) cornetto**

SOLUTIONS

1. *a) Je voudrais un café serré.*
b) Ce sandwich est très bon.
c) Nous avons des glaces aux fruits.
d) Nous prenons une orange pressée et un verre de lait.

2. a) Voglio un cappuccino e due cornetti.
b) Non mi piace la birra italiana.
c) Vogliamo un gelato al caffé con panna montata.
d) Ho preso un panino al bar.

3. 1) c 2) a 3) b

Le café

La première chose qu'un Italien fait le matin au réveil est de préparer le café, le plus souvent avec une cafetière (**la caffettiera**). Après le premier café, sa journée peut commencer : elle sera ponctuée de plusieurs autres cafés. Le premier café est donc pris à la maison, les autres au bar. Le café est toujours servi dans une *petite tasse* (**la tazzina da caffé**), mais en été on peut commander un *café glacé* (**il caffé freddo**), qui est servi dans un verre. Attention: **ti offro un caffé** = *je te paie un verre.*

la réservation	**la prenotazione**
le garçon / la serveuse	**il cameriere / la cameriera**
le petit déjeuner	**la colazione**
le déjeuner	**il pranzo**
le dîner	**la cena**
le menu	**il menu a prezzo fisso**
la carte	**il menu**
le plat du jour	**il piatto del giorno**
la spécialité de la maison	**la specialità della casa**
l'apéritif	**l'aperitivo**
LE HORS-D'ŒUVRE :	**L'ANTIPASTO:**
salade de fruits de mer	**insalata di mare**
charcuterie	**affettati misti**
jambon et melon	**prosciutto e melone**
L'ENTRÉE:	**IL PRIMO:**
les lasagnes	**le lasagne**
les raviolis	**i ravioli**
les spaghettis	**gli spaghetti**
les pâtes au four	**la pasta al forno**
les pâtes maison	**la pasta fatta in casa**
le risotto	**il risotto**
le minestrone	**il minestrone**
LE PLAT PRINCIPAL	**IL SECONDO**
viande	**carne**
poisson	**pesce**
veau	**vitello**
bœuf	**manzo**
agneau	**agnello**
lapin	**coniglio**
poulet	**pollo**
dinde	**tacchino**
L'ACCOMPAGNEMENT	**IL CONTORNO**
légumes (les)	**verdura (la)**
pommes de terre	**patate**
salade mixte - tomates	**insalata mista - pomodori**
le fromage	**il formaggio**
le dessert	**il dessert**
la glace	**il gelato**
le gâteau/la tarte	**il dolce**
la salade de fruits	**la macedonia**
le digestif	**il digestivo**

ENTRAÎNEZ-VOUS

1. Que veut dire en français :
a) Abbiamo un tavolo prenotato per quattro.
b) Prendete un aperitivo?
c) Avete un piatto del giorno?
d) La pasta è fatta in casa.
e) Prendete un dessert?

2. Comment dites-vous en italien :
a) Ces cannelloni sont très bons.
b) Mon mari n'aime pas le lapin.
c) J'aime beaucoup le poisson.
d) Avez-vous un menu ?
e) Je ne prends pas de hors-d'œuvre.

3. Mettez au pluriel:
a) patata b) pomodoro c) pesce d) gelato

SOLUTIONS

1. *a) Nous avons réservé une table pour quatre.*
b) Vous prendrez un apéritif?
c) Avez-vous un plat du jour?
d) Les pâtes sont faites maison.
e) Prenez-vous un dessert?

2. a) Questi cannelloni sono molto buoni.
b) A mio marito non piace il coniglio.
c) Mi piace molto il pesce.
d) Avete un menu a prezzo fisso?
e) Non prendo l'antipasto.

2. a) patate b) pomodori c) pesci d) gelati

Pourquoi tant de formes de pâtes?

Mais pour autant de sauces !
La sauce tomate est la seule qui se marie sans problèmes à toute taille, longueur ou épaisseur de pâtes. *Les formes courtes* (**le penne rigate**), ou *rugueuses* (**le orecchiette**), ou *les pâtes maison* (**la pasta fatta in casa : tagliatelle, tagliolini, pappardelle**) s'accommodent parfaitement de sauces fluides, qu'elles absorbent mieux, *les formes creuses* (**le conchiglie**) vont à merveille avec les légumes en morceaux qui vont s'y nicher, *les formes lisses* (**le farfalle**) sont parfaites avec les sauces épaisses ou au fromage; *les pâtes farcies* (**la pasta ripiena : ravioli, tortellini**) sont le plus souvent servies *avec de la crème et du parmesan* (**con la panna e il parmigiano**).

À table

A tavola

la table	**la tavola** (prête pour manger)
	il tavolo (meuble)
la chaise	**la sedia**
dresser la table	**preparare la tavola**
débarrasser la table	**sparecchiare la tavola**
l'assiette creuse	**il piatto fondo**
l'assiette plate	**il piatto piano**
la petite assiette	**il piattino**
le verre	**il bicchiere**
les couverts	**le posate**
le couteau	**il coltello**
la fourchette	**la forchetta**
la cuillère	**il cucchiaio**
la petite cuillère	**il cucchiaino**
la serviette	**il tovagliolo**
la bouteille	**la bottiglia**
la carafe/le pichet	**la caraffa**
l'huile	**l'olio (m)**
le vinaigre	**l'aceto**
le sel	**il sale**
le poivre	**il pepe**
la moutarde	**la senape**
le sucre	**lo zucchero**
le citron	**il limone**
la sauce	**la salsa**
le fromage râpé	**il fromaggio grattugiato**
le parmesan râpé	**il parmigiano grattugiato**
le cendrier	**il posacenere**
l'eau minérale sans bulles	**l'acqua minerale naturale**
le menu	**il menu**
la carte des vins	**la carta dei vini**
le cure-dents	**lo stuzzicadenti**
l'addition	**il conto**
le garçon/la serveuse	**il cameriere/la cameriera**

ENTRAÎNEZ-VOUS

1. Que veut dire en français :
a) Vorrei il conto, per favore.
b) Posso avere un bicchiere e due forchette?
c) Mi porta la carta dei vini?
d) Ho chiesto acqua minerale naturale!
e) Possiamo avere vino rosso in caraffa?

2. Comment dites-vous en italien :
a) Avez-vous du vin en pichet?
b) Puis-je avoir l'addition?
c) Avez-vous une autre serviette?
d) Pourrais-je avoir du parmesan râpé pour mes pâtes?

3. Mettez au pluriel :
a) la tavola b) il piatto c) la forchetta

SOLUTIONS

1. *a) Je voudrais l'addition, s.v.p.*
b) Puis-je avoir un verre et deux fourchettes?
c) Vous m'amenez la carte des vins?
d) J'ai demandé de l'eau minérale sans bulles!
e) Pouvons-nous avoir du vin rouge en carafe?

2. a) Avete vino in caraffa?
b) Posso avere il conto?
c) Ha un altro tovagliolo?
d) Posso avere del parmigiano grattugiato per la pasta?

3. a) le tavole b) i piatti c) le forchette

Les pâtes et leur cuisson

Le temps de cuisson des pâtes est un mystère pour les étrangers, et il circule de bien drôles de légendes : les pâtes «**al dente**» doivent être croquantes (!!!), ou encore les pâtes sont cuites quand elles collent aux carreaux de la cuisine (!!!), ou encore « une cuillère d'huile ajoutée à l'eau de cuisson empêcherait les pâtes de coller… »
En vérité il n'y a qu'un secret : les pâtes doivent être surveillées de près pendant la cuisson, puisque le moment magique de la cuisson parfaite (attention, il ne dure qu'un instant!) est quand elles perdent leur aspect translucide pour devenir plus pâles : trop tôt elles seraient trop fermes, un instant plus tard elles seront imbibées d'eau et flasques. Voici le secret, bon appétit !

B6 Les courses

Le spese

le magasin/la boutique	**il negozio**
le marché	**il mercato**
le grand magasin	**il grande magazzino**
le supermarché	**il supermercato**
le vendeur/la vendeuse	**il commesso/la commessa**
acheter	**comprare**
vendre	**vendere**
le comptoir	**il banco**
la caisse	**la cassa**
faire la queue	**fare la coda**
c'est cher	**è caro**
c'est bon marché	**é buon mercato**
l'offre spéciale	**l'offerta speciale**
les soldes	**i saldi**
payer	**pagare**
l'argent	**i soldi**
l'argent comptant	**i contanti**
la monnaie	**gli spiccioli**
le chèque	**l'assegno**
la carte de crédit	**la carta di credito**
le marchand de 4 saisons	**il fruttivendolo**
la boucherie	**la macelleria**
la boulangerie	**la forneria**
la charcuterie	**la salumeria**
l'épicerie	**la drogheria**
la poissonerie	**la pescheria**
le magasin	**il negozio**
de vêtements	**di vestiti**
de chaussures	**di scarpe**
de meubles	**di mobili**
de cadeaux	**di articoli da regalo**
de souvenirs	**di souvenirs**
la parfumerie	**la profumeria**
le savon	**la saponetta**
le dentifrice	**il dentifricio**
la brosse à dents	**lo spazzolino da denti**
le déodorant	**il deodorante**
le shampooing	**lo shampo**
la crème solaire	**la crema solare**

ENTRAÎNEZ-VOUS

1. **Que veut dire en français:**
   a) La profumeria è vicino alla chiesa.
   b) C'è un supermercato in questo villaggio?
   c) Non si accettano assegni.
   d) La commessa è a vostra disposizione.
2. **Comment dites-vous en italien:**
   a) Je cherche un magasin de chaussures.
   b) J'ai trouvé une carte de crédit.
   c) Le marché est très bon marché.
   d) La viande ici est très chère.
3. **Où achète-t-on...?**

1) carne	a) forneria
2) pesce	b) tabaccheria
3) pane	c) farmacia
4) sigarette	d) pescheria
5) medicine	e) macelleria

SOLUTIONS

1. *a) La parfumerie est à côté de l'église.*
   b) Y a-t-il un supermarché dans ce village?
   c) Les chèques ne sont pas acceptés.
   d) La vendeuse est à votre disposition.
2. **a) Cerco un negozio di scarpe.**
   b) Ho trovato una carta di credito.
   c) Il mercato è molto buon mercato.
   d) Qui la carne è molto cara.
3. 1) e 2) d 3) a 4) b 5) c

La carte de crédit

Dans les villes touristiques la carte de crédit est acceptée presque partout, mais même à Rome ou à Venise on peut trouver des petits *bistrots* (**trattorie**) où seulement le paiement *au comptant* (**in contanti**) est accepté.
Il est donc conseillé d'avoir assez d'argent liquide sur soi pour payer l'essence dans le petit garage, les achats dans la petite épicerie, la chambre dans la **pensione** à la campagne, la location de vélo à la mer, ou la jolie robe au marché.

il reparto	**le rayon**
s'habiller	**vestirsi**
se déshabiller	**spogliarsi**
il me va (taille)	**mi va bene**
il me va (style)	**mi sta bene**
il est serré/petit	**è stretto**
il est court	**è corto**
il est large	**è largo**
il est long	**è lungo**
la taille	**la taglia / la misura**
la pointure	**il numero**
les sandales	**i sandali**
les chaussures à haut talons	**le scarpe a tacco alto**
à talons plats	**a tacco basso**
les bottes	**gli stivali**
les chaussettes	**le calze**
le collant	**il collant**
les sous-vêtements	**la biancheria intima**
le caleçon/la culotte	**lo slip**
le soutien-gorge	**il reggiseno**
le gilet	**la maglia/la canottiera**
la chemise de nuit	**la camicia da notte**
la robe de chambre	**la vestaglia**
le pijama	**il pigiama**
les pantoufles	**le pantofole**
la veste	**la giacca**
la chemise	**la camicia**
la cravate	**la cravatta**
le pantalon	**i pantoloni/i calzoni**
le costume	**il vestito (uomo e donna)**
la robe	**l'abito/il vestito**
le style	**lo stile**
la jupe	**la gonna**
le T-shirt	**la maglietta**
le cardigan	**il golf**
le pull	**il maglione**

ENTRAÎNEZ-VOUS

1. **Que veut dire en français :**
   a) Mi stanno bene queste scarpe?
   b) Preferisco gli stivali col tacco basso.
   c) C'è un reparto di biancheria intima?
   d) Voglio regalare un abito e una cravatta a mio marito.
2. **Comment dites-vous en italien :**
   a) Je cherche des collants noirs taille 3.
   b) Cette veste est trop longue.
   c) Ces chaussures me serrent, ce n'est pas ma pointure.
   d) Je n'ai pas besoin (bisogno) d'une robe de chambre!
3. **Mettre au pluriel ou au singulier :**
   a) le scarpe b) la maglietta c) il maglione d) i tacchi

SOLUTIONS

1. *a) Est-ce qu'elles me vont, ces chaussures ?*
   b) Je préfère les bottes à talon plat.
   c) Y a t'il un rayon de lingerie?
   d) Je veux offrir un costume et une cravate à mon mari.
2. **a) Cerco dei collant neri terza misura.**
   b) Questa giacca è troppo lunga.
   c) Queste scarpe sono strette, non sono della mia misura.
   d) Non ho bisogno di una vestaglia.
3. **a) la scarpa b) le magliette c) i maglioni d) il tacco**

La mode

On dit que les Italiens aiment s'entourer de belles choses et qu'ils aiment bien s'habiller. Pendant très longtemps la mode française a régné en souveraine incontestable, mais depuis quelques décennies les créateurs de mode italiens (**Valentino, Armani, Ferré, Versace, Moschino, Dolce e Gabbana**), les bijoutiers (**Bulgari**), les chausseurs (**Gucci, Ferragamo, Trussardi, Fratelli Rossetti**) font concurrence à leurs rivaux français.

La capitale de la mode en Italie est Milan, même si les plus *beaux défilés* (**la sfilata**) de mode ont lieu à Rome et à Florence, dans un cadre souvent très spectaculaire.

B8 Les vêtements (2)

I vestiti (2)

essayer	**provare**
griffé	**firmato**
l'imperméable	**l'impermeabile**
le manteau	**il cappotto**
la fourrure	**la pelliccia**
doublé	**foderato**
la laine	**la lana**
le cuir	**il cuoio**
le coton	**il cotone**
le lin	**il lino**
la fibre synthétique	**la fibra sintetica**
la soie pure	**la seta (pura)**
le carré	**il foulard**
l'écharpe	**la sciarpa**
le mouchoir	**il fazzoletto**
le chapeau	**il cappello**
le parapluie	**l'ombrello**
le sac-à-main	**la borsa**
les gants	**i guanti**
le porte-feuille	**il portafoglio**
lourd	**pesante**
léger	**leggero**
chaud	**caldo**
souple / doux	**morbido**
rêche	**ruvido**
fait à la main	**fatto a mano**
le tissu/le matériel	**il tessuto**
la bijouterie	**la gioielleria**
le bijou	**il gioiello**
l'or	**l'oro**
l'argent	**l'argento**
la pierre précieuse	**la pietra preziosa**
les bijoux fantaisie	**la bigiotteria**

B8 ENTRAÎNEZ-VOUS

1. Que veut dire en français:
a) Non mi piacciono le fibre sintetiche.
b) Questa lana è molto calda.
c) Il cappotto che ho provato è molto stretto.
d) Vorrei provare l'impermeabile che é in vetrina.

2. Comment dites-vous en italien:
a) Nous avons acheté douze mouchoirs.
b) J'ai trouvé un portefeuille et des gants pour mes parents.
c) Le lin est la matière que je préfère.
d) Cet imperméable est doublé en fourrure.

3. Trouver le correspondant:

1) le parapluie	a) **pesante**
2) lourd	b) **cuoio**
3) cuir	c) **ruvido**
4) rêche	d) **ombrello**

SOLUTIONS

1. *a) Je n'aime pas les fibres synthétiques.*
b) Cette laine est très chaude.
c) Le manteau que j'ai essayé est trop serré.
d) Je voudrais essayer l'imperméable qui est en vitrine.

2. **a) Abbiamo comprato 12 fazzoletti.**
b) Ho trovato un portafoglio e dei guanti per i miei genitori.
c) Il lino è il tessuto che preferisco.
d) Questo impermeabile è foderato di pelliccia.

3. 1-d 2-a 3-b 4-c

L'industrie de la mode

Ces dernières années on vu un grand développement des industries liées à la mode : vêtements, chaussures, lunettes de soleil, vêtements de sport, maroquinerie, parfums. Les régions qui ont le plus investi dans ce secteur sont la Vénétie et le Frioul, au nord-est du pays.
Des entrepreneurs comme **Benetton, Stefanel, Caberlotto** (vêtements de sport **Lotto**), **Tacchini**, ont visé un public jeune, désireux de bien s'habiller sans se ruiner. Leur style a vite su s'imposer au niveau national et international et on trouve leurs magasins partout en Italie et dans le monde entier (3 500 magasins Benetton dans le monde).

La réception	**la "reception"**
complet	**completo**
chambres libres	**camere disponibili**
la réservation	**la prenotazione**
les arrhes	**la caparra**
le logement	**la sistemazione**
la réclamation	**il reclamo**
la chambre	**la camera**
pour une personne	**singola**
double	**matrimoniale**
à 2,3,4 lits	**a 2, 3, 4 letti**
une chambre pour une nuit	**una camera per una notte**
pour deux personnes	**per due persone**
avec lavabo	**con lavabo**
avec douche	**con doccia**
avec salle de bains	**con bagno**
la vue	**la vista**
le balcon	**il balcone**
la fenêtre	**la finestra**
sombre	**buio**
lumineux	**luminoso**
le téléphone dans la chambre	**il telefono in camera**
le minibar (frigo)	**il minibar**
le parking	**il parcheggio**
l'ascenseur	**l'ascensore**
réveiller	**svegliare**
appeler	**chiamare**
le petit déjeuner dans la salle/ dans la chambre	**la colazione in sala/ in camera**
quitter l'hôtel/partir	**lasciare l'hotel/partire**
le pourboire	**la mancia**
…ne marche pas !	**…non funziona!**
silencieux/calme	**silenzioso**
bruyant	**rumoroso**

ENTRAÎNEZ-VOUS

1. **Que veut dire en français ?**
   a) L'hotel è completo in estate.
   b) Ho chiesto una camera doppia con bagno.
   c) Ho avuto un camera molto rumorosa.
   d) La televisione in camera non è indispensabile.
2. **Comment dites-vous en italien ?**
   a) Devons-nous verser des arrhes?
   b) Est-il possible d'avoir une chambre avec balcon?
   c) Dans votre hôtel, acceptez-vous les animaux?
   d) Où est le parking?
3. **Mettez au pluriel (due à la place de uno) :**
   a) Voglio una camera singola
   b) Desidero un caffè e una spremuta d'arancia
   c) Ho una camera disponibile per una notte.

Solutions

1. *a) L'hôtel est complet en été.*
   b) J'ai demandé une chambre double avec salle de bains.
   c) J'ai eu une chambre très bruyante.
   d) La télévision dans la chambre n'est pas indispensable.
2. a) Dobbiamo versare una caparra?
   b) E' possibile avere una camera con balcone?
   c) Nel vostro hotel, accettate gli animali?
   d) Dov'è il parcheggio?
3. a) Vogliamo due camere singole
   b) Desideriamo due caffè e due spremute …
   c) Abbiamo due camere disponibili per due notti.

Le tourisme

Avec ses beautés naturelles, ses trésors artistiques, ses traditions et son climat l'Italie a attiré, depuis toujours, des millions de touristes chaque année.
Chaque coin d'Italie mérite d'être visité et le tourisme est la première ressource nationale. Les itinéraires classiques des touristes étrangers passent par des villes comme *Venise, Florence, Rome* ou *Naples,* les îles, les plages, ou encore les montagnes, les Alpes en particulier.

louer/ en location	**affittare/in affitto**
meublé	**ammobiliato**
le pavillon/ la villa	**la villa**
l'appartement	**l'appartamento**
la chambre/ la pièce	**la stanza/ la camera**
la cuisine	**la cucina**
la salle de bains	**il bagno**
le couloir	**il corridoio**
le débarras	**il ripostiglio/lo sgabuzzino**
le séjour	**il soggiorno**
la salle à manger	**la sala da pranzo**
le jardin	**il giardino**
le grenier	**la soffitta**
la cave	**la cantina**
la terrasse/ le balcon	**la terrazza/ il balcone**
les meubles	**i mobili**
le tapis	**il tappeto**
le lit	**il letto**
l'armoire	**l'armadio**
le divan	**il divano**
le fauteuil	**la poltrona**
la table	**il tavolo**
la chaise	**la sedia**
le bureau	**lo scrittoio/ la scrivania**
la gazinière	**la cucina a gas**
l'électricité	**l'elettricità**
électrique	**elettrico**
le réfrigérateur, le frigo	**il frigorifero**
le lave-linge	**la lavatrice**
le lave-vaisselle	**la lavastoviglie**
l'évier	**il lavello/il lavandino**
la poubelle	**la pattumiera**

ENTRAÎNEZ-VOUS

1. Que veut dire en français :
a) Cerchiamo un <u>ta</u>volo e quattro sedie.
b) Per la cucina o per la sala da pranzo?
c) I <u>mo</u>bili sono molto cari!
d) Il bagno è senza finestra!
e) Vorrei affittare un appartamento per luglio.

2. Comment dites-vous en italien :
a) La cuisinière est électrique ou à gaz?
b) Le lit est trop petit.
c) Le jardin n'est pas très grand, mais il est très beau.
d) Le couloir est très long et sombre.

SOLUTIONS

1. a) Nous cherchons une table et quatre chaises.
b) Pour la cuisine ou pour la salle à manger ?
c) Les meubles sont très chers !
d) La salle de bains n'a pas de fenêtre !
e) Je voudrais louer un appartement en juillet.

2. a) La cucina è a gas o e<u>le</u>ttrica?
b) Il letto è troppo <u>pi</u>ccolo.
c) Il giardino non è molto grande, ma è molto bello.
d) Il corridoio è molto lungo e buio.

Où vivent les Italiens ?

Jusqu'aux années cinquante, l'Italie était un pays agricole, et la plupart des Italiens vivaient à la campagne et travaillaient la terre. Le processus d'industrialisation a inversé la situation, et de nos jours la plupart des Italiens vivent en ville. *Milan* et *Turin* sont les villes les plus industrialisées et les plus peuplées après Rome et devant *Naples, Palerme, Bologne* et *Florence.*
Les habitants des villes possèdent souvent une résidence secondaire à la mer, à la montagne, à la campagne, ou bien ils ont gardé la maison de famille, où ils passent les week-ends ou les vacances.

B11

La ville
La città

le village	**il paese/il villaggio**
la maison	**la casa**
l'appartement	**l'appartamento**
l'immeuble	**l'immobile/il condominio**
l'adresse	**l'indirizzo**
la route	**la strada**
la rue	**la via**
l'avenue	**il corso**
le boulevard	**il viale**
la ruelle	**il vicolo**
le centre ville	**il centro città**
la banlieue	**la periferia**
le quartier	**il quatiere**
la mairie	**il municipio**
l'église	**la chiesa**
l'école	**la scuola**
la gendarmerie	**la stazione dei carabinieri**
la poste	**l'ufficio postale**
la gare	**la stazione**
l'arrêt de bus	**la fermata dell'autobus**
le bureau de tourisme	**l'ufficio informazioni/pro loco**
la station-service (en ville)	**il distributore**
le passage clouté	**il passaggio pedonale**
la zone pietonnière	**la zona pedonale**
le carrefour	**l'incrocio**
le rond-point	**la rotonda**
le sens unique	**il senso unico**
l'agent	**il vigile**
l'amende	**la multa**
l'interdiction de stationner	**il divieto di sosta**
le parking payant	**il parcheggio a pagamento**
zone d'enlèvement	**zona rimozione**
la fourrière	**il deposito**
les objets trouvés	**l'ufficio oggetti smarriti**
les pompiers	**i pompieri**
la grève des transports	**lo sciopero dei trasporti**

ENTRAÎNEZ-VOUS

1. **Que veut dire en français :**
   a) In questo paese c'è una piccola scuola.
   b) La stazione è vicino alla fermata dell'autobus.
   c) Ho preso una multa e la macchina è al deposito.
   d) Devo andare all'ufficio oggetti smarriti perché ho perso le chiavi.
2. **Comment dites-vous en italien :**
   a) Où est la gendarmerie?
   b) Nous habitons boulevard Rome, en centre ville.
   c) Je cherche le bureau de tourisme.
   d) La mairie est à droite après le feu rouge.
   e) C'est un sens interdit, on doit passer par le centre.
3. **Compléter :**
   a) la…dei carabinieri
   b) il…città
   c) la fermata dell'…

SOLUTIONS

1. a) Dans ce village il y a une petite école.
   b) La gare est à côté de l'arrêt du bus.
   c) J'ai eu une amende et la voiture est à la fourrière.
   d) Je dois aller au bureau des objets trouvés car j'ai perdu mes clefs.
2. **a) Dov'è la stazione dei carabinieri?**
   b) Abitiamo in viale Roma, in centro città.
   c) Cerco la pro-loco.
   d) Il municipio è dopo il semaforo, a destra.
   e) E' un senso unico, dobbiamo passare per il centro.
3. **a) stazione b) centro c) autobus**

Les transports publics en ville

Même dans les grandes villes le réseau du *métro* (**la metropolitana**) n'est pas très développé : il n'y a que trois lignes à Milan, et seulement deux à Rome car il est impossible de creuser en profondeur sans trouver des restes de grande importance archéologique. De ce fait certains chantiers ont été bloqués pendant des années.
À défaut de métro, les Italiens prennent souvent *le bus* (**l'autobus** ou **la filovia**). Dans certaines villes on trouve encore des *tramway* (**il tram**).
Dans les petites villes où il y a peu de circulation les gens aiment beaucoup se déplacer à *vélo* (**la bicicletta**).
À Venise, la seule ville en Italie où les voitures ne peuvent pas circuler, les gens se déplacent en *bateau* (**il vaporetto**), et surtout à pied.

B12 La famille

La famiglia

les parents	**i genitori**
le père/papa	**il padre/papà/babbo**
la mère/maman	**la madre/mamma**
le frère	**il fratello**
la sœur	**la sorella**
les parents/la famille	**i parenti**
l'oncle	**lo zio**
la tante	**la zia (zio+zia=gli zii)**
le cousin/la cousine	**il cugino/la cugina**
le neveu/ le petit-fils	**il nipote**
la nièce/ la petite fille	**la nipote**
le grand-père	**il nonno**
la grand-mère	**la nonna**
les grands-parents	**i nonni**
le beau-père	**il suocero**
la belle-mère	**la suocera**
les beaux-parents	**i suoceri**
le beau-frère/la belle-sœur	**il cognato/la cognata**
le gendre	**il genero**
la belle-fille	**la nuora**
la fête de famille	**la festa di famiglia**
la naissance	**la nascita**
l'enfant/le fils/la fille	**il figlio/la figlia**
le bébé/l'enfant	**il bambino/la bambina**
les fiançailles	**il fidanzamento**
le mariage	**il matrimonio**
l'enterrement/les funérailles	**il funerale**
marié/e	**sposato/a**
veuf/veuve	**vedovo/a**
divorcé/e	**divorziato/a**
fiancé/e	**fidanzato/a**
le prénom	**il nome**
le nom de famille	**il cognome**
le nom de jeune fille	**il nome da ragazza**

ENTRAÎNEZ-VOUS

1. **Que veut dire en français :**
   a) I miei genitori sono italiani.
   b) Sua sorella è sposata.
   c) E' il funerale di sua nonna.
   d) La loro nuora è straniera.
   e) I nonni raccontano storie ai loro nipoti.
2. **Comment dites vous en italien :**
   a) Ils ont fait une grande fête de famille pour leur mariage.
   b) Ma tante est veuve.
   c) Le nom de jeune fille de ma mère est…
   d) Mes cousins sont comme des frères pour moi.
   e) Mes beaux-parents ne sont pas italiens.
3. **Mettez au pluriel :**
   a) lo zio **b) il funerale**
   c) la nonna **d) il cugino**

SOLUTIONS

1. *a) Mes parents sont italiens.*
   b) Sa sœur est mariée.
   c) C'est l'enterrement de sa grand-mère.
   d) Leur belle-fille est étrangère.
   e) Les grands-parents racontent des histoires à leurs petits-enfants.
2. **a) Hanno fatto una grande festa di famiglia per il matrimonio.**
   b) Mia zia è vedova.
   c) Il nome da ragazza di mia madre è…
   d) I miei cugini sono come fratelli per me.
   e) I miei suoceri non sono italiani.
3. **a) gli zii b) i funerali c) le nonne d) i cugini**

La famille italienne

En Italie, la famille est de loin l'organisation sociale, économique et de solidarité la plus importante. Le réseau familial peut être très étendu et aller jusquà comprendre les cousins au troisième degré. Toute occasion est bonne pour organiser de grandes réunions de famille. Les amis sont rarement invités aux mariages italiens, la priorité allant aux membres de la famille (que souvent les mariés n'ont jamais rencontrés).

La famille italienne tend à être très protectrice et il est difficile pour les jeunes de quitter le nid familial : il paraît que trois-quarts des jeunes de 27 ans vivent toujours chez papa et maman, même s'ils travaillent et qu'ils sont économiquement indépendants.

la télé couleur/noir et blanc	**la televisione a colori/bianco e nero**
le magnétoscope	**il videoregistratore**
enregistrer une émission	**registrare una trasmissione**
allumer...	**accendere...**
éteindre...	**spegnere...**
regarder... la télévision	**guardare... la televisione**
une émission sur...	**una trasmissione su...**
le programme	**il programma**
l'écran	**lo schermo**
le présentateur	**il presentatore**
les téléspectateurs	**i telespettatori**
le téléjournal	**il telegiornale**
la nouvelle	**la notizia**
le radiojournal	**il notiziario**
écouter la radio	**ascoltare la radio**
une émission en direct	**la trasmissione in diretta**
enregistrée	**registrata**
le match/rédiffusé	**la partita/ in differita**
le satellite/ par satellite	**il satellite/via satellite**
la presse	**la stampa**
le journal	**il giornale**
le quotidien du matin	**il quotidiano del mattino**
du soir	**della sera**
l'hebdomadaire	**il settimanale**
la revue	**la rivista**
le journal à scandales	**il giornale scandalistico**
l'article de fond	**l'articolo di fondo**
la première page	**la prima pagina**
la pub	**la pubblicità**
le lecteur	**il lettore**
l'agence de presse	**l'agenzia stampa**
le dessin humoristique	**la vignetta**
la presse spécialisée	**la stampa specializzata**
le mensuel	**il mensile**
le journaliste	**il giornalista**
l'écrivain	**lo scrittore**
le dessinateur	**il disegnatore/il vignettista**

ENTRAÎNEZ-VOUS

1. **Que veut dire en français :**
   a) Ascolto sempre la radio.
   b) La nostra televisione non funziona più.
   c) Hai comperato il giornale?
   d) Ho letto un articolo sugli scandali politici.
2. **Comment dites-vous en italien :**
   a) La télévision ne m'intéresse pas.
   b) J'aime beaucoup ce dessinateur.
   c) Ce présentateur est très célèbre
   d) Éteins la radio!

SOLUTIONS

1. *a) J'écoute toujours la radio.*
   b) Notre télévision ne marche plus
   c) As-tu acheté le journal?
   d) J'ai lu un article sur les scandales politiques.
2. **a) La televisione non mi interessa.**
   b) Mi piace molto questo vignettista.
   c) Questo presentatore è molto famoso.
   d) Spegni la radio!

La télévision italienne

• Les Italiens ont à leur disposition six chaînes à diffusion nationale : les trois chaînes publiques de la **RAI** (**RAI 1, 2 et 3**), et trois chaînes privées qui appartiennent à Silvio Berlusconi : **Canale 5**, **Retequattro** et **Italiauno**, plus quelques chaînes locales.

• La télévision italienne n'est pas réputée pour la qualité de ses programmes, ni pour celle de ses services : il arrive souvent que les émissions commencent en retard et les interruptions sont assez fréquentes. Les émissions les plus intéressantes sont souvent transmises tard le soir, et ainsi il ne reste souvent aux Italiens que le choix entre des jeux télévisés, des séries ou des feuilletons américains ou brésiliens, quelques talk-shows, quelques films et d'interminables débats politiques et, le dimanche, des reportages sportifs.

Le temps
Il tempo

le climat	**il clima**
le ciel	**il cielo**
le soleil	**il sole**
le vent	**il vento**
la pluie	**la pioggia**
les nuages	**le nuvole**
l'orage	**il temporale**
la tempête	**la tempesta**
la grêle	**la grandine**
le gel	**il gelo**
la neige	**la neve**
le brouillard	**la nebbia**
le verglas	**il ghiaccio**
la chaleur	**il caldo**
sèche	**secco**
humide	**umido**
le temps	**il tempo**
variable	**variabile**
stable	**stabile**
il fait chaud	**fa caldo**
il fait froid	**fa freddo**
couvert	**coperto**
nuageux	**nuvoloso**
il fait	**il tempo è**
beau	**bello**
mauvais	**brutto**
il est dangereux	**è pericoloso**
le tonnerre	**il tuono**
l'éclair	**il lampo**
la foudre	**il fulmine**
la rafale	**la raffica**
l'inondation	**l'inondazione**
il pleut	**piove**
il neige	**nevica**

ENTRAÎNEZ-VOUS

1. Que veut dire en français :
- **a) Il clima in questa regione è molto dolce.**
- **b) Questa sera è previsto un temporale.**
- **c) La nebbia e il gelo sono molto pericolosi.**
- **d) La grandine ha rovinato (*abîmer*) la campagna.**

2. Comment dites-vous en italien ;
- *a) Les nuages couvrent le soleil.*
- *b) L'été a été très chaud et sec.*
- *c) Il y a des rafales de vent.*
- *d) Hier il a plu et il a fait froid.*
- *e) Ici il neige en hiver.*

SOLUTIONS

1.
- *a) Le climat de cette région est très doux.*
- *b) Ce soir un orage est prévu.*
- *c) Le brouillard et le verglas sont très dangereux.*
- *d) La grêle a abîmé la campagne.*

2.
- **a) Le <u>nu</u>vole coprono il sole.**
- **b) L'estate è stata molto calda e secca.**
- **c) Ci sono raffiche di vento.**
- **d) Ieri ha piovuto e ha fatto freddo.**
- **e) Qui nevica in inverno.**

Le climat

• L'Italie est connue pour la douceur de son climat. Pourtant cela n'est vrai que pour le centre et le sud du pays, où les hivers sont doux et les étés sont d'habitude très chauds et secs. Bien sûr cela n'est pas vrai non plus en altitude : en *Sicile* il neige en montagne en hiver et dans les *Appenins* il n'est pas rare de voir la neige en été.

• Le nord de l'Italie a un climat totalement différent, chaud et humide en été, froid et humide en hiver : le brouillard dans la *plaine du Pô* (**la Valpadana**) peut être impressionnant entre octobre et mars, et chaque année ce phénomène cause des centaines d'accidents de la route, parfois mortels. Il arrive que la visibilité soit réduite à cinq mètres ou moins et dans ces conditions-là, il est plus prudent de ne pas circuler en voiture.

B15 La bureaucratie
La burocrazia

les documents/les papiers	**i documenti**
la carte d'identité	**la carta d'identità**
le passeport	**il passaporto**
le permis de conduire	**la patente**
la carte de séjour	**il permesso di soggiorno**
le certificat de …	**il certificato di…**
la fiche d'état civil	**lo stato di famiglia**
l'attestation	**l'attestazione**
la recommandation	**la raccomandazione**
le pot-de-vin	**la bustarella**
c'est M. X. qui m'envoie	**mi manda il signor X.**
insister	**insistere**
urgent	**urgente**
j'ai besoin de… d'urgence	**ho bisogno di…con urgenza**
l'assurance	**l'assicurazione**
le billet/le ticket	**il biglietto**
l'abonnement	**l'abbonamento**
usagé/périmé	**scaduto**
la demande officielle	**la domanda ufficiale**
le papier fiscal/timbré	**la carta da bollo**
le timbre fiscal	**la marca da bollo**
le timbre-poste	**il francobollo**
la demande sur papier libre	**la domanda in carta libera**
la dénonciation	**la denuncia**
s'adresser à	**rivolgersi a**
le bureau	**l'ufficio**
le guichet	**lo sportello**
le responsable	**il reponsabile**
le chef de bureau	**il capufficio**
le directeur	**il direttore**

ENTRAÎNEZ-VOUS

1. **Que veut dire en français :**
   a) **Mi fa vedere i documenti, per favore?**
   b) **Per il permesso di soggiorno è necessario avere un'attestazione di domicilio.**
   c) **Ha il libretto di circolazione della macchina?**
2. **Comment dites-vous en italien :**
   a) Vous devez rédiger la demande sur papier libre.
   b) Je veux voir le responsable du bureau.
   c) Je veux prendre un abonnement.
3. **Trouvez le correspondant :**

1) **francobollo**	*a) périmé*
2) **scaduto**	*b) pot-de-vin*
3) **sportello**	*c) timbre*
4) **bustarella**	*d) guichet*

SOLUTIONS

1. *a) Pouvez-vous me montrer vos papiers, s.v.p.?*
   b) Pour le permis de séjour il est nécessaire avoir une attestation de domicile.
   c) Avez-vous la carte grise de la voiture?
2. a) **Deve fare domanda su carta libera.**
   b) **Voglio vedere il responsabile dell'ufficio.**
   c) **Voglio fare un abbonamento.**
3. 1) c 2) a 3) d 4) b

Les papiers d'identité des Italiens

• Dès l'âge de 14 ans, les jeunes Italiens ont droit à une carte d'identité, qui est valable cinq ans.
• Dès 18 ans, ils peuvent s'inscrire à une *école de conduite* (**la scuola guida**) pour obtenir leur permis ; en Italie la conduite accompagnée à partir de 16 ans n'existe pas: il faut avoir 18 ans pour conduire une voiture ou une grosse moto, 16 ans pour conduire une moto jusqu'à 125 cc, 14 ans pour conduire un *vélomoteur* (**il motorino**).
• Il **codice fiscale** est une carte spéciale portant un numéro de «reconnaissance fiscale» attribué à toute personne née en Italie. Ce numéro apparaît sur tous les autres documents.
• À la différence de la France, il n'est pas obligatoire d'avoir toujours des papiers d'identité sur soi en Italie.

B16 Chez le docteur

Dal dottore

je ne suis pas bien	**non sto bene**
le médicament	**la medicina**
j'ai mal	**ho mal**
aux dents	**di denti**
à la tête	**di testa**
à la gorge	**di gola**
au ventre	**di pancia**
à l'estomac	**di stomaco**
au dos	**di schiena**
j'ai la fièvre	**ho la febbre**
j'ai la nausée	**ho nausea**
je vomis	**vomito**
je tousse	**tossisco**
je n'ai plus de voix	**ho più la voce/ho la voce rauca**
je suis allergique à…	**sono allergico a…**
je suis enrhumé	**ho il raffreddore**
se casser	**rompersi**
une jambe	**una gamba**
un bras	**un braccio**
la fracture	**la frattura**
le plâtre	**il gesso**
aller à l'hôpital	**andare in ospedale**
être hospitalisé	**essere ricoverato**
le service	**il reparto**
la radiographie	**la radiografia**
l'opération	**l'operazione**
être opéré	**essere operato**
l'infirmier/ère	**l'infermiere/a**
le dentiste	**il dentista**
l'anesthésiste	**l'anestesista**
le chirurgien	**il chirurgo**
blessé	**ferito**
je suis enceinte de…mois	**sono incinta di…mesi**
les analyses	**le analisi**
la piqûre	**l'iniezione**
guéri	**guarito**
malade	**ammalato, malato**
contagieux	**contagioso**
l'ordonnance	**la ricetta**

ENTRAÎNEZ-VOUS

1. **Que veut dire en français :**
   a) **Ho chiamato il dottore perchè non sto bene.**
   b) **Ho la febbre e la tosse.**
   c) **Non voglio andare in ospedale.**
2. **Comment dites-vous en italien :**
   a) J'ai été très malade, mais maintenant je suis guéri.
   b) Il y a un blessé dans la rue.
   c) Il n'y a pas besoin d'ordonnance.
   d) J'ai de la fièvre et la nausée.

SOLUTIONS

1. *a) J'ai appelé le médecin car je ne suis pas bien.*
   b) J'ai de la fièvre et je tousse.
   c) Je ne veux pas aller à l'hôpital.
2. **a) Sono stato molto malato, ma adesso sono guarito.**
   b) C'è un ferito in strada.
   c) Non c'è bisogno della ricetta.
   d) Ho la febbre e la nausea.

Le système sanitaire

En Italie l'assistance sanitaire est gratuite pour les plus démunis, pour les autres elle est payante selon le revenu. L'organisation est la suivante: les *généralistes* et les *spécialistes* (**il medico generico, lo specialista**) exercent dans un dispensaire appelé USL (**Unità Sanitaria Locale**). Chaque quartier a son USL, dont dépendent les personnes qui y habitent, sans dérogation. Il n'y a pas la possibilité de choisir son généraliste, il est attribué par l'USL, et le médecin affecté à un patient est le seul qui puisse lui prescrire une ordonnance ou une visite chez un spécialiste.
Il va de soi que les Italiens qui ne sont pas satisfaits de leur médecin d'USL auront recours à un médecin privé, généraliste ou spécialiste.
Le touriste étranger en visite en Italie doit se procurer le formulaire E 111 avant de quitter son pays s'il veut être soigné gratuitement.

B17 Une fête
Una festa

inviter	**invitare**
envoyer une invitation	**mandare un invito**
une réception	**un ricevimento**
une fête	**una festa**
d'anniversaire	**di compleanno**
d'anniversaire (mariage)	**di anniversario**
en famille	**in famiglia**
entre amis	**fra amici**
dansante	**da ballo**
un gala	**un gala**
l'habit de cérémonie est de rigeur	**l'abito scuro è di rigore**
la robe/l'habit de soirée	**l'abito da sera**
le smoking	**lo smoking**
le frac	**il frac**
la cravate	**la cravatta**
le nœud papillon	**il papillon**
le buffet	**il buffet**
le dîner	**la cena**
assis	**seduta**
debout	**in piedi**
le vin d'honneur	**il rinfresco**
le cocktail	**il cocktail**
l'apéritif	**l'aperitivo**
la présentation	**la presentazione**
la conversation	**la conversazione**
le maître/la maîtresse de maison	**il padrone/la padrona di casa**
danser	**ballare**
le groupe de personnes	**il gruppo di persone**
je vous présente	**le presento**
Monsieur X...	**il signor X.**
avocat	**l'avvocato X.**
ingénieur	**l'ingegner X.**
docteur	**il dottor X.**
architecte	**l'architetto X.**
professeur	**il professor X.**
Monsieur le député	**l'onorevole X.**
Monsieur le ministre	**il Signor Ministro**

B17

ENTRAÎNEZ-VOUS

1. **Que veut dire en français :**
   a) Sono invitati al gala di chiusura del festival.
   b) Il padrone di casa è un mio amico.
   c) E' di rigore l'abito scuro.
   d) Non mi piace ballare.
2. **Comment dites-vous en italien :**
   a) Après la conférence (**la conferenza**) *il y a eu un vin d'honneur.*
   b) Je n'aime pas les dîners debout.
   c) Il a acheté un frac pour la réception.
   d) Mme X. a une robe de soir magnifique.
3. **Trouver le correspondant :**
   1) ballare — *a) la réception*
   2) l'abito da sera — *b) danser*
   3) il ricevimento — *c) la robe de soir.*

SOLUTIONS

1. *a) Ils sont invités au gala de clôture du festival.*
   b) Le maître de maison est mon ami.
   c) Le costume sombre est de rigueur.
   d) Je n'aime pas danser.
2. **a) Dopo la conferenza c'è stato un rinfresco.**
   b) Non mi piacciono le cene in piedi.
   c) Ha comperato un frac per il ricevimento.
   d) La signora X. ha un vestito da sera magnifico.
3. 1. b 2. c 3. a

Ferragosto

• Août est le mois où tout le monde part en vacances. En Italie, tout ferme en août : les entreprises, les bureaux, la plupart des commerces. On dirait que le pays somnole au soleil.

• **Ferragosto**, *le 15 août* (le nom vient de **feria d'agosto** = vacances d'août), est la date redoutée par tous les touristes en Italie, car il est de tradition que même ceux qui ne prennent pas leurs vacances à ce moment de l'année s'absentent, ne serait-ce que pour la journée. Personne ne travaille ce jour-là, absolument tout est fermé : pas un bar n'est ouvert en ville, pas un restaurant, pas un distributeur d'essence et, bien sûr, pas un musée ne se visite. Les villes sont désertes, les plages envahies, et les embouteillages font partie du panorama national.

C'était très gentil de votre part de m'inviter.
Che gentile a invitarmi
Quelle belle maison vous avez, et quelle belle vue!
Che bella casa, e che vista magnifica!
Elle est meublée avec beaucoup de goût.
E' arredata con molto buon gusto.
C'est une très belle peinture ancienne/moderne.
E' un bellissimo quadro antico/moderno
Désirez-vous un thé, un café?
Prende volentieri un té, un caffé?
Un thé, merci, c'est une excellente idée.
Un té grazie, è una splendida idea.
Qu'est-ce qu'il est beau ce feu, très intime.
Che bel fuoco! E molto intimo.
Madame, ce soir vous êtes vraiment très élégante.
Signora, stasera è davvero molto elegante
Cette robe/ cette couleur vous va très bien.
Questo vestito/colore le sta molto bene.
Cette tarte aux framboises est un délice.
Questa torta di lamponi è deliziosa.
Est-ce une recette de votre famille?
E' una ricetta di casa sua?
J'amerais beaucoup avoir la recette.
Mi farebbe piacere avere la ricetta.
C'est vous qui avez brodé cette nappe?
E' lei che ha ricamato questa tovaglia?
Le déjeuner/dîner était exquis. Mes compliments.
Il pranzo/la cena è stato squisito/a. Complimenti!
C'était vraiment une journée/soirée très agréable.
E' stata davvero una giornata/serata molto gradevole.
C'était un weekend merveilleux dans votre maison à la campagne/à la mer.
E' stato un weekend meraviglioso nella sua/vostra casa di campagna/al mare.
J'espère que nous aurons bientôt l'opportunité de rendre votre gentillesse et générosité.
Spero che avremo presto l'opportunità di ricambiare la vostra gentilezza e generosità.

ENTRAÎNEZ-VOUS

1. Que veut dire en français :
a) Questa torta di mele è molto buona!
b) Che bel vestito ha questa sera!
c) Grazie per il gentilissimo invito.
d) La sua casa mi piace molto.

2. Comment dites-vous en italien :
a) D'ici il y a une vue magnifique.
b) Votre jardin est vraiment très beau.
c) J'aime beaucoup votre gâteau.
d) J'espère avoir l'opportunité de rendre votre générosité.

3. Complétez avec des mots de la page précédente :
a) Il pranzo è stato…
b) Questo colore … … molto bene
c) Che bella… c'è di qui!

SOLUTIONS

1. *a) Cette tarte aux pommes est très bonne.*
b) Quelle belle robe vous portez ce soir !
c) Nous vous remercions de votre invitation si gentille.
d) Votre maison me plaît beaucoup.

2. a) Da qui c'è una vista magnifica.
b) Il suo/vostro giardino è veramente molto bello.
c) Il suo dolce mi piace molto.
d) Spero di avere l'opportunità di ricambiare la sua / vostra generosità.

3. a) squisito b) le sta c) vista.

Ce qu'il ne faut pas faire

Il y a certaines choses qui sont tout à fait naturelles en France et qui ne seraient pas très bien vues en Italie :

• lorsqu'on est invité il ne faut jamais apporter une bouteille de vin, pour excellente qu'elle soit ; si vraiment vous voulez la partager, proposez cette dégustation avant d'arriver. Il est de coutume d'apporter des fleurs pour la maîtresse de maison ;

• invité à déjeuner dans une famille, il ne faut pas refuser d'être resservi, sinon la maîtresse de maison penserait que vous n'aimez pas ce qu'elle a préparé pour vous ;

• la sieste étant toujours une institution, il est considéré comme malpoli de téléphoner chez quelqu'un entre 14 et 16 heures. Cette règle n'est bien sûr pas appliquée dans les bureaux...

À L'HÔTEL

• *… mais j'ai réservé il y a une semaine. J'ai envoyé des arrhes et donc j'ai le droit d'avoir une chambre !*

• *J'avais demandé une chambre calme avec vue et salle de bains et j'ai une chambre bruyante qui donne sur une rue malsaine et qui n'a qu'un lavabo.*

ALL'HOTEL

•… ma io ho prenotato una settimana fa. Ho mandato una caparra e dunque ho il diritto di avere una camera.

• Avevo chiesto una camera calma con vista e con bagno e ho una camera rumorosa che dà su una strada malsana e che ha solo il lavabo.

AU RESTAURANT

• *J'ai demandé une salade de crevettes et vous m'amenez une salade de crabe et en plus vous me dites que c'est la même chose.*

• *Ce vin sent le bouchon.*

• *Cela fait une demi-heure que j'attends l'eau minérale. Vous êtes en train de la fabriquer ?*

• *Qu'est-ce que ça veut dire que la carte de crédit n'est pas acceptée ? Le symbole VISA est affiché et en tous cas je n'ai aucun autre moyen de payer.*

• *Nous avons pris seulement une entrée et deux desserts. Vous devrez refaire l'additon.*

AL RISTORANTE

•Ho chiesto un'insalata di gamberetti e mi porta un' insalata di granchi, e in più mi dice che è la stessa cosa !

• Questo vino sa di tappo.

• E' mezz'ora che aspetto l'acqua minerale. La state fabbricando ?

• Cosa vuol dire, la carte di credito non è accettata ? Il simbolo VISA è esposto e in ogni caso io non ho altro mezzo per pagare.

• Noi abbiamo preso solo un primo e due dessert. Deve rifare il conto.

À L'AGENCE DE VOYAGES

Quoi ? Le voyage de retour est annulé ? Vous devez me trouver un moyen pour rentrer en France. Je dois être à Lyon au plus tard lundi matin.

ALL'AGENZIA DI VIAGGI

• Come ? Il viaggio di ritorno è annullato ? Deve trovare un mezzo per farmi tornare in Francia. Devo essere a Lyon lunedì matina.

1. Que veut dire en français:
a) Ho chiesto un'insalata mista, e non patate!
b) Ho prenotato una camera doppia, non singola.
c) Se il mio volo è annullato, me ne trovi un altro.

SOLUTIONS

1. *a) J'ai demandé une salade mixte, et pas des pommes de terre.*
b) J'ai réservé une chambre double, et pas une single.
c) Si mon vol est annulé, trouvez-m'en un autre.

La superstition

Les Italiens sont très superstitieux, même s'ils le nient.
• Une chambre d'hôtel ne portera jamais le n° 13, considéré le numéro porte-malheur par excellence : on recourt à l'astuce de numéroter les chambres 101, 102 etc.
• il ne faut pas écraser une araignée, cela porte malheur (**la sfortuna**, **la jella** - lire: **iella**) ;
• de même, il ne faut pas briser un miroir, sous peine de prévoir sept ans de malheurs ;
• faire attention à ne pas renverser le sel, cela est valable tous les jours de la semaine, mais les effets sont doublés les mardis et vendredis;
• ces mêmes jours, il ne faut pas se marier ou partir, selon le proverbe « **Di venere e di marte non si sposa né si parte** » (m. à m. : *on ne se marie ni se déplace un mardi ou un vendredi*) ;
• il ne faut pas se lever le matin en posant par terre le pied gauche en premier, sous peine de passer une très mauvaise journée ;
• porter du violet lors d'une occasion importante (le pire étant un mariage) pourrait être très dangereux pour votre réputation, si vous ne voulez pas être consideré un **iettatore**, *un jeteur de sort.*
Comment survivre à la **iella**? En achetant le nécéssaire pour se protéger : le petit cornet en corail rouge est très efficace ! Sinon la méthode économique (qui est considerée comme la meilleure et la plus sûre) est de « **fare le corna** » : sortez l'index et l'auriculaire de votre main droite en visant la terre : attention, si vous visez le ciel cela signifie *cocu* (**cornuto**), ce qui est un malheur aussi !

le coup de téléphone	**la telefonata**
le coup de fil	**il colpo di telefono**
mon numéro est 32 18 09	**il mio numero è 32 18 09 (trentadue,diciotto,zero,nove)**
le répondeur	**la segreteria telefonica**
laisser un message	**lasciare un messaggio**
âllo?	**pronto?**
Mario Rossi à l'appareil	**parla Mario Rossi**
je voudrais parler à…	**vorrei parlare con…**
ne quittez pas	**resti in linea**
le poste est occupé	**la sua linea è occupata**
M. Bianchi est en ligne	**il signor Bianchi è in linea**
pouvez-vous rappeler dans 1h	**può richimare fra 1 ora**
je vous donne un autre numéro	**le do un altro numero**
décrocher	**staccare**
raccrocher	**riattaccare**
raccrocher au nez	**buttar giù** *(familiare)*
vous vous êtes trompé de numéro, ici c'est le…	**ha sbagliato numero, qui è il…**
excusez-moi!	**mi scusi!**
le poste 4117 s.v.p.	**mi passi l'interno 4117 per favore**
le standard	**il centralino**
le téléphone à impulsion	**il telefono a scatti**
200 lires par impulsion	**200 lire a scatto**
la cabine	**la cabina telefonica**
la carte téléphonique…	**la scheda telefonica…**
de 80 unités	**da ottanta unità**
l'annuaire téléphonique	**l'elenco**
chercher un numéro	**cercare un numero**
l'indicatif	**il prefisso**
international	**internazionale**
interurbain	**interurbano**

ENTRAÎNEZ-VOUS

1. Que veut dire en français:
a) Ha lasciato un messaggio sulla segreteria telefonica.
b) Mi può richiamare più tardi?
c) Mi passa l'interno 12 per favore?
d) Si è arrabbiato.

2. Comment dites-vous en italien:
a) Je voudrais une carte téléphonique de 100 unités.
b) Vous pouvez trouver M. X. à ce numéro.
c) Je dois passer un coup de fil à Anne.
d) Le poste 12 est occupé, vous patientez?

3. Compléter:
a) Il telefono a …
b) … giù il telefono.
c) … un messaggio

SOLUTIONS

1. *a) Il a laissé un message sur le répondeur.*
b) Pouvez-vous me rappeler plus tard ?
c) Pouvez-vous me passer le poste no.12, s.v.p. ?
d) Il s'est fâché et il m'a raccroché au nez.

2. **a) Vorrei una scheda telefonica da 100 unità.**
b) Può trovare il signor X a questo numero.
c) Devo fare un colpo di telefono a Anna.
d) L'interno 12 è occupato, può aspettare?

3. **a) scatti b) buttare c) lasciare**

Le portable

• Pas moins de 30 millions de portables vendus en Italie à ce jour! Le boom du *portable* (**il telefonino**, ou **il cellulare**) remonte à quelques années déjà, bien avant que la mode explose en France ou ailleurs en Europe.
• Le portable en Italie est un véritable symbole de réussite , aussi important que la voiture, les bijoux ou de beaux vêtements.
Si vous avez décidé de prendre le train pour aller en Italie, vous comprendrez vite que pour un Italien la vie est inconcevable sans cet objet : à peine franchie la frontière, tous les portables italiens de tout le wagon se mettent à sonner en même temps, et tout le monde commence à parler et à s'agiter…
• Des messages vocaux sont diffusés toutes les dix minutes pour inciter les utilisateurs de portable à quitter le wagon et à aller converser dans le couloir, mais personne n'écoute, bien trop pris par sa conversation.

Sommaire de l'INDEX GRAMMATICAL

PRONONCIATION

1. ÉLÉMENTS DE PRONONCIATION

L'italien est une langue «phonétique» : son orthographe correspond toujours à sa prononciation. L'alphabet n'a que 21 lettres.

A	**asino,**	*âne*
B (bi)	**bicicletta,**	*vélo*
C (tchi)	**caldo,**	*chaud*
D (di)	**dire,**	*dire*
E (é)	**elefante,**	*éléphant*
F (èf-fé)	**forza**	*force*
G (dji)	**giraffa,**	*giraffe*
H (acca)	**ho,**	*j'ai*
I	**ieri,**	*hier*
L (èl-lé)	**lungo,**	*long*
M (èm-mé)	**mamma,**	*maman*
N (èn-né)	**nonno,**	*grand'père*
O	**oro,**	*or*
P (pi)	**pizza,**	*pizza*
Q (cou)	**quadro,**	*tableau*
R (èr-ré)	**Roma,**	*Rome*
S (ès-sé)	**sasso**	*rocher*
T (ti)	**Torino,**	*Turin*
U (ou)	**uva,**	*raisin*
V (vi/vou)	**vita,**	*vie*
Z (tséta)	**zero**	*zéro*

■ PRONONCIATION

La transcription de la prononciation de l'italien figure entre crochets [ ] chaque fois qu'elle diffère du français.

La prononciation des voyelles.

Elle ne fait aucune difficulté :

• **a** [a], **i** [i], **o** [o]se prononcent comme en français

• **e** peut être fermé [é] : **Elena** [éléna], *Hélène*, ou ouvert [è] : **bello** [bèl-lo], *beau.*

• **u** se prononce [ou]: **utile** [**ou**tilé], *utile*; il est toujours prononcé.

Voyelles associées: les voyelles ne se combinent jamais pour former un son différent; au contraire chacune garde sa propre prononciation :

• **ai** = a+i [aï], **aiuto,** [aï**ou**to], *aide*

• **eu** = e+u [éou], **Europa** [éou**ro**pa], *Europe* euro [**é**ouro]

• **oi** = o+i [oï], **noi** [noï], *nous*

• **u** se prononce toujours, même après **g** ou **q**: **quadro** [kouadro] *tableau*; **guerra** [gou**è**r-ra] *guerre.*

• voyelle+consonne : pas de son «nasal»: chaque lettre reste prononcée séparément. On le signale en début d'ouvrage par un tiret: **vento** [**vè**-nto], *vent.*

La prononciation des consonnes

• **j, k, w, y** et **x** n'existent pas dans l'alphabet italien; **ph** est remplacé par **f**, **y** par **i**; **th** est simplement **t** :
farmacia = *pharmacie;* **teoria** = *théorie ;* **fisica** = *physique.*

• **h** ne se trouve jamais en début de mot, sauf pour les formes du verbe avoir : **ho**, *j'ai* ; **hai**, *tu as* ; **ha**, *il a ;* **hanno**, *ils ont.* Mais **orizzonte**, *horizon,* ora, *heure,* etc.

• **s** se prononce [s] ou [z] ; dans certaines régions **s** est prononcé [s] même entre voyelles.

• **z** se prononce toujours [ts] ou [dz]

• **c** et **g** ont un son différent selon la voyelle qui suit :

• **c**, **g** : devant **a**, **o**, **u** le son de **c** ou de **g** est dur :

• **c+a = ca** [ka] : **cane** [**ka**né], *chien* ; **c+o = co** [ko] : **cosa** [**ko**za], *chose* ; **c+u = cu** [kou] : **cuore** [kouoré], *cœur.*

• **g+a = ga** [ga] : **gatto** [**gat**-to], *chat* ; **g+o = go** [go] : **gola** [**go**la], *gorge* ; **g+u = gou** [gou] : **gusto** [**gous**to], *goût*

• **c**, **g** : devant **e** ou **i**, le son est doux :

• **c+e = ce**]tché] : **celeste** [tché**lès**té], *bleu ciel/clair*

• **c+i = ci** [tchi] : **Cina** [**tchi**na], *Chine.* Attention ! le son du **i** dans **ci** peut disparaître devant une autre voyelle : **ciao** [**tcha**o], *salut.*

• **g+e =** [dje] **gelato** [dj**éla**to], *glace*

• **g+i = gi** [dji] : giraffa [dji**raffa**], *giraffe.* Attention ! le son du **i** dans **gi** peut disparaître devant une autre voyelle : **giallo** [**djal**lo], *jaune.*

• Les **consonnes doubles** se prononcent toujours très fortement en italien ; en début d'ouvrage, nous soulignons cette caractéristique importante par un tiret entre les consonnes redoublées : **sono** [**so**no], *je suis* ≠ **sonno** [**son**-no], *sommeil* ; **capello** [ka**pèl**-lo], *cheveu,* **cappello** [kap-**pèl**-lo], *chapeau* ; **fato** [**fa**to], *destin* ; **fatto** [**fat**-to], *fait*

• **zz** : ce son double est figuré selon le cas par [tts] ou [ddz]

• **gli** se prononce très mouillé : (lyi) ; **figlio** (**fi**lyio), *fils*

• **gn** se prononce [gn] : **agnello** [a**gnèl**-lo], *agneau.*

• **ch**, **gh** : si on ajoute un **h** entre la consonne **c** ou **g** et la voyelle **i** ou **e** qui suivent, on a un son dur :

c+h+i = chi [ki] : **chi**, *qui* ; **chiave** [kia**vé**], *appeler* ; **chiudere** [**kiou**déré] *fermer*

c+h+e = che ke] : **che** [ké], *que, quoi* ; **poche** [**po**ké], *peu.*

g+h+i = ghi [gui] : **ghirlanda** [guir**lan**da], *guirlande*

g+h+e = ghe [gué/guè] : **spaghetti** [spa**guèt**ti], *spaghettis*

• **sc** : la prononciation change selon la lettre qui suit :

s+c +e = sce [ché/chè] : **scelta** [**chèl**ta], *choix*

s+c +i = sci [chi] : **sciare** [chia**r**é], *skier*

Attention ! le son du **i** dans **sci** peut disparaître devant une autre voyelle :

sci + a = [cha] : **scialle** [**chal**lé], *châle*

sci + o = [cho] : **sciopero** [**cho**péro], *grève*

sci + u = [chou] : **sciupare** [chou**pa**ré] *abîmer, gaspiller*

2. LA CONJUGAISON DES VERBES

2.1 Le présent de l'indicatif

■ **essere**	*être*	**avere**	*avoir*
sono	*je suis*	**ho**	*j'ai*
sei	*tu es*	**hai**	*tu as*
è	*il/elle est*	**ha**	*il/elle a*
siamo	*nous sommes*	**abbiamo**	*nous avons*
siete	*vous êtes*	**avete**	*vous avez*
sono	*ils/elles sont*	**hanno**	*ils/elles ont*

RAPPELS

- En italien on n'utilise pas les pronoms personnels devant le verbe
- la forme interrogative s'obtient simplement par l'intonation montante de la voix
- la négation se forme en plaçant **non** devant le verbe
- pour la forme de politesse on utilise la troisième personne du singulier (avec le pronom **Lei**)
- **c'è** : *il y a* + singulier; **c'è un gatto**, *il y a un chat*
- **ci sono** : *il y a* + pluriel; **ci sono due bambini**, *il y a deux enfants*

■ Conjugaison de quelques verbes réguliers (terminaison en ARE, ERE, IRE)

parlare, *parler*	**credere**, *croire*	**partire**, *partir*	**capire**, *comprendre*
parlo, *je parle*	**credo**, *je crois*	**parto**, *je pars*	**capisco**, *je comprends*
parli	**credi**	**parti**	**capisci**
parla	**crede**	**parte**	**capisce**
parliamo	**crediamo**	**partiamo**	**capiamo**
parlate	**credete**	**partite**	**capite**
parlano	**credono**	**partono**	**capiscono**

- REMARQUE

Les verbes suivants en **-ire** se conjugue sur le modèle de **partire** :

aprire	*ouvrir*	**partire**	*partir*
coprire	*couvrir*	**servire**	*servir*
divertirsi	*s'amuser*	**soffrire**	*souffrir*
offrire	*offrir*	**vestire**	*habiller*

■ Conjugaison de quelques verbes irréguliers

andare, *aller*	**venire**, *venir*	**uscire**, *sortir*
vado	**vengo**	**esco**
vai	**vieni**	**esci**
va	**viene**	**esce**
andiamo	**veniamo**	**usciamo**

andate	venite	uscite
vanno	vengono	escono

stare, *rester*	**fare**, *faure*	**dare**, *donner*	**bere**, *boire*
sto	faccio	do	bevo
stai	fai	dai	bevi
sta	fa	dà	beve
stiamo	facciamo	diamo	beviamo
state	fate	date	bevete
stanno	fanno	danno	bevono

volere, *vouloir*	**dovere**, *devoir*	**potere**, *pouvoir*	**sapere**, *savoir*
voglio	devo	posso	so
vuoi	devi	puoi	sai
vuole	deve	può	sa
vogliamo	dobbiamo	possiamo	sappiamo
volete	dovete	potete	sapete
vogliono	devono	possono	sanno

2.2 Le passé composé

Le passé composé se forme avec l'auxiliaire *être* ou *avoir* suivi du participe passé:

• Verbes se terminant en

-ARE	-ERE	-IRE
guardare, *regarder*	**credere**, *croire*	**finire**, *finir*
ho guardato, *j'ai regardé*	**ho creduto**, *j'ai cru*	**ho finito**, *j'ai fini*
entrare	**cadere**	**uscire**
sono entrato, *je suis entré*	**sono caduto**, *je suis tombé*	**sono uscito**, *je suis sorti*

RAPPELS

• En italien **essere** est son propre auxiliaire: **sono stato**, *j'ai été* , et **avere** son propre auxiliaire : **ho avuto**, *j'ai eu.*

• Comme en français l'accord du participe se fait avec **essere**, *être,* mais pas avec **avere**, *avoir*; en principe les verbes sont les mêmes dans les deux langues :

siamo andati al mare, *nous sommes allés à la mer*
abbiamo comprato il giornale, *nous avons acheté le journal*

■ Quelques participes irréguliers :

fare, fatto,	*faire*	**dare, dato,**	*donner*
mettere, messo,	*mettre*	**prendere, preso,**	*prendre*
dire, detto,	*dire*	**chiudere, chiuso,**	*fermer*
perdere, perso,	*perdre*	**bere, bevuto,**	*boire*
vedere, visto,	*voir*	**aprire, aperto,**	*ouvrir*

2.3 Le futur

essere	avere
sarò, *je serai*	avrò, *j'aurai*
sarai	avrai
sarà	avrà
saremo	avremo
sarete	avrete
saranno	avranno

parlare	credere	finire
parlerò, *je parlerai*	crederò, *je croirai*	finirò, *je finirai*
parlerai	crederai	finirai
parlerà	crederà	finirà
parleremo	crederemo	finiremo
parlerete	crederete	finirete
parleranno	crederanno	finiranno

RAPPEL

• Quelques verbes au futur irrégulier :

andrò, *j'irai*	**berrò**, *je boirai*	**potrò**, *je pourrai*	**vedrò**, *je verrai*
dovrò, *je devrai*	**saprò**, *je saurai*	**vorrò**, *je voudrai*	**verrò**, *je viendrai*

• le futur est rarement utilisé dans la langue parlée, mais de plus en plus remplacé par le présent : **domani parto**, *demain je partirai*

• En revanche, le futur est utilisé pour exprimer une probabilité :

Dov'è Maria ? Sarà uscita.
Où est Marie? Elle est probablement sortie.

2.4 Le conditionnel présent

essere	avere
sarei, *je serais*	avrei, *j'aurais*
saresti	avresti
sarebbe	avrebbe
saremmo	avremmo
sareste	avreste
sarebbero	avrebbero

parlare	credere	finire
parlerei, *je parlerais*	crederei, *je croirais*	finirei, *je finirais*
parleresti	crederei	finiresti
parlerebbe	crederebbe	finirebbe
parleremmo	crederemmo	finiremmo
parlereste	credereste	finireste
parlerebbero	crederebbero	finirebbero

RAPPELS

• Le conditionnel s'utilise pour:
formuler une demande :
Mi faresti un caffé ? *Peux-tu me faire un café?*
exprimer un désir : **Mi piacerebbe venire**, *j'aimerais venir.*
un conseil : **Dovresti aspettare qui**, *tu devrais attendre ici.*
une intention : **Vorrei venire**, *je voudrais venir.*

• Le conditionnel se formant à partir du futur, si un verbe est irrégulier au futur, il le sera au conditionnel aussi : **andare - andrò - andrei**

2.5 Quelques notes sur le subjonctif

• Le présent du subjonctif

essere		**avere**	
che io sia,	*que je sois*	**che io abbia,**	*que j'aie*
che tu sia,	*que tu sois*	**che tu abbia,**	*que tu aies*
che lui/lei sia,	*qu'il soit*	**che lui/lei abbia,**	*qu'il/elle ait*
che noi siamo		**che noi abbiamo**	
che voi siate		**che voi abbiate**	
che loro siano		**che loro abbiano**	

parlare	**credere**	**sentire**	**finire**
parli,	*que je parle*	**creda,**	*que je croie*
senta,	*que j'entende*	**finisca,**	*que je finisse*
parli	**creda**	**senta**	**finisca**
parli	**creda**	**senta**	**finisca**
parliamo	**crediamo**	**sentiamo**	**finiamo**
parliate	**crediate**	**sentiate**	**finiate**
parlino	**credano**	**sentano**	**finiscano**

RAPPELS

• Le subjonctif est beaucoup plus utilisé en italien qu'en français.

• Le subjonctif est obligatoire après les verbes exprimant une opinion, un doute, une volonté etc. : **pensare**, **credere**, **temere**, **dubitare**, **desiderare** etc. :
Penso che sia tardi *Je pense qu'il est tard.* **Spero che ci sia** *J'espère qu'il y sera.* **Dubito che piova** *Je doute qu'il pleuve.* **Voglio che parta** *Je veux qu'il parte*
et aussi, après **mi sembra che** et **non so se** : **Mi sembra che arrivi.** *Il me semble qu'il arrive..* **Non so se parta.** *Je ne sais pas s'il part.*

3. Les articles définis et indéfinis

3.1 *Le, la les,* il, lo, l', la, i, gli, le : les articles définis

• Devant un nom qui commence par une consonne, on utilise **il** au singulier, **i** au pluriel.

• Si le mot commence par **z**, par une voyelle, par s+consonne (**sb**, **sc**, **sd**, **sp**, **st sv** etc), on utilise **lo** au singulier, **gli** au pluriel.
• **l'** est la forme élidée devant une voyelle du masculin **lo** et du féminin **la**.
-**Le**, article défini féminin pluriel, n'est jamais élidé.

ARTICLES DÉFINIS

	MASCULIN			FÉMININ
SINGULIER	**il** **il gatto** **il cane** **il bambino**	**l'** **l'amico**	**lo** **lo studente** **lo zero**	**la/l'** **l'amica** **la zia** **la strada**
PLURIEL	**i** **i gatti** **i cani** **i bambini**	**gli** **gli amici** **gli zeri** **gli studenti**		**le** **le amiche** **le zie** **le strade**

3.2 Un, uno, una, un' : articles indéfinis

un	**uno**	**un'/una**
un gatto	**uno zero**	**un'amica**
un cane	**uno studente**	**una casa**
un amico	**uno zio**	**una zia**

RAPPELS

• Elision : **un** (*masc.*) devant voyelle n'a pas d'apostrophe, tandis que **una** (*fém.*) devient **un'** dans le même cas : **un amico**, **un'amica**.
• **Un**, **uno**, **una** n'ont pas de pluriel. Toutefois on peut utiliser **qualche** + nom au singulier : **qualche idea**, *quelques idées* **qualche giorno**, *quelques jours* , ou bien **alcuni, alcune** + nom pluriel.

4. Le nom

• En italien il y a deux genres, le masculin et le féminin:
- la plupart des mots en **o** sont du masculin
- la plupart des mots en **a** sont du féminin
- les mots en **e** peuvent être du masculin ou du féminin.

- Les mots en **o** font leur pluriel en **i**
- Les mots en **a** font leur pluriel en **e**
- Les mots en **e** font leur pluriel en **i**

M Sg	F Sg	M Pl.	F Pl.
il gatto, *le chat* **il padre**, *le père*	**la casa**, *la maison* **la madre**, *la mère*	**i gatti** **i padri**	**le case** **le madri**

RAPPELS

• Sont invariables au pluriel:

– les mots qui se terminent par **à, ò, è, ù, ì** :

la città, le città; il perchè, i perchè; la virtù, le virtù

– les mots qui se terminent par **une consonne : il bar, i bar**

– les mots en **i : la crisi, le crisi**

– et aussi : **la foto, le foto ; il cinema, i cinema ; la radio, le radio, euro, cento euro.**

5. Les pluriels particuliers

• Les mots qui se terminent par **co**, **ca**, **go**, **ga** au singulier ajoutent **h** après le **c** pour garder le son «dur» au pluriel :

CO se transforme en CHI **: il cuoco, i cuochi**, *le/s cuisinier/s*

GO se transforme en GHI **: il mago, i maghi**, *le/s magicien/s*

CA se transforme en CHE **: l'amica, le amiche**, *l'/les amie/s*

GA se transforme en GHE**: la collega, le colleghe**, *la/les collègue/s*

• Cependant certains mots en CI font CI, et en GO font GHI:

l'amico, gli amici, *l'ami, les amis*
il nemico, i nemici, *l'ennemi, les ennemis*
lo psicologo, gli psicologi, *le/s psychologue/s*
l'asparago, gli asparagi, *l'aspèrge, les asperges*

■ Quelques pluriels sont complètement irréguliers:

l'uomo, gli uomini, *l'homme, les hommes*
il dio, gli dei, *le/s dieu/x*
l'uovo, le uova, *l'oeuf, les œufs*
la mano, le mani, *la /les main/s*
l'arma, le armi, *l'arme, les armes*
l'ala, le ali, *l'aile, les ailes*

6. L'adjectif

En italien il y a deux catégories d'adjectifs:

•les adjectifs «à quatre terminaisons», qui s'accordent complètement au nom, que celui-ci se termine par **o/a** ou par **e** :

O → I	**A → E**
il gatto bello	**la gatta bella**
i gatti belli	**le gatte belle**
mais aussi:	
il padre bello	**la madre bella**
i padri belli	**le madri belle**

- les adjectifs «à deux terminaisons»:

E ➛ I

il gatto gentile	la gatta **gentile**
i gatti gentili	le gatte **gentili**

mais aussi:

il padre gentile	**la madre gentile**
i padri gentili	**le madri gentili**

RAPPELS

- il est impossible de donner la liste des adjectifs d'un groupe ou d'un autre
- la formation du pluriel des adjectifs est la même que pour les noms
- en italien l'adjectif suit en général le nom : **il fiore rosso**, *la fleur rouge ;* **il caffè caldo**, *le café chaud.* Cependant, pour insister sur la qualité, on peut le placer devant le nom : **una bella casa**, *une belle maison ;* **un buon amico**, *un bon ami ;* **un ricco industriale**, *un riche industriel*

Quand l'adjectif est lui-même précedé par **molto**, **poco**, **troppo** etc, il se place toujours après le nom :
Roma è una città molto antica, *Rome est une ville très ancienne*

7. Les prépositions

Les prépositions simples

Di/d' **Parlo di sport**, *Je parle de sport.* E' **la macchina di Paolo**, *C'est la voiture de Paul.* E' **d'**oro, *C'est en or*

A **Vado a Roma** *Je vais à Rome.* **Il treno arriva alle** 6.10,*Le train arrive à 6 h10.* Do il libro **a** Paolo, *Je donne le livre à Paul.* **Gelato al limone**, *Glace au citron*

Da **Vengo da Roma** *Je viens de Rome.* **Vado dal dottore**, *Je vais chez le docteur.* **Aspetto dalle** 5, *J'attends depuis 5 h.* **Lo conosco da 10 anni**, *Je le connais depuis 10 ans.* **Ho comprato un ferro da stiro e un vestito da sera**, *J'ai acheté un fer à repasser et une robe de soir*

In **Passo le vacanze in montagna**, *Je passe mes vacances à la montagne* **Abito in via Rossi**, 4, *J'habite 4, rue Rossi.*

Con **Arto con Luisa** *Je pars avec Louise.* **Chi è l'uomo con la** barba? *Qui est l'homme à/avec la barbe?*

Su **Il gatto è sul tavolo**, *Le chat est sur la table.* **Vorrei informazioni sulla** società X, *Je voudrais des renseignements sur la société X*

Per **Parto per Roma** *Je pars pour Rome.* **Per te**, *Pour toi*

Tra/fra E' **una cena fra/tra amici**, *c'est un dîner entre amis.* **Lo vedo fra/tra la folla**, *Je le vois parmi la foule*

Les prépositions composées

RAPPELS

• Les prépositions composées réultent de la contraction de la préposition simple et de l'article défini : **di+il —> del**; **a+le —> alle**. Pour choisir la préposition composée qui convient, il faut donc tenir compte de l'article utilisée devant le nom: *le chien*, **il cane**; *du chien*, **del cane**.

• les prépositions **con**, **per** et **tra/fra** dans la langue ne se combinent habituellement pas avec les articles; pourtant il est possible de trouver les formes col, collo, colla, etc.

	il	**lo**	**la**	**i**	**gli**	**le**
di	**del**	**dello**	**della**	**dei**	**degli**	**delle**
a	**al**	**allo**	**alla**	**ai**	**agli**	**alle**
qa	**dal**	**dallo**	**dalla**	**dai**	**dagli**	**dalle**
in	**nel**	**nello**	**nella**	**nei**	**negli**	**nelle**
con	**con il**	**con lo**	**con la**	**con i**	**con gli**	**con le**
su	**sul**	**sullo**	**sulla**	**sui**	**sugli**	**sulle**
per	**per il**	**per lo**	**per la**	**per i**	**per gli**	**per le**
tra/fra	**tra il**	**tra lo**	**tra la**	**tra i**	**tra gli**	**tra le**

8. Les possessifs (Voir tableau page 44)

RAPPELS

• Le possessif, qu'il soit adjectif (*mon*, etc.) ou pronom (*le mien*, etc.) est toujours précedé de l'article: **il mio amico**, *mon ami* La seule exception est la réference à un membre de la famille au singulier : **mio padre**, *mon père*; **mia sorella**, *ma sœur* Au pluriel par contre l'article est obligatoire : **le mie sorelle**, *mes sœurs*; **i miei cugini**, *mes cousins.*

• **loro** (3e p. pl.) est toujours précédé de l'article: **il loro fratello**, *leur frère*

• En italien on utilise le possessif seulement s'il est indispensable pour éviter la confusion. Comparez :

ho perso l'ombrello, *j'ai perdu mon parapluie*
ho perso il suo ombrello, *j'ai perdu son parapluie*

9. Les pronoms personnels compléments

Directs	Indirects
mi vedi, *tu me vois*	**mi parla**, *il me parle*
ti incontro, *je te rencontre*	**ti dico**, *je te dis*
lo (M) **prendo**, *je le prends*	**gli racconta** *il lui raconte* (à lui)
la (F) **voglio**, *je la veux*	**le rivela**, *il lui révèle* (à elle)
ci interroga, *il nous interroge*	**ci scriva**, *il nous écrit*
vi saluta, *il vous salue*	**vi regala**, *il vous donne*
li (M) **mangio**, *je les mange*	**danno loro**, *ils leur donnent*
le (F) **rifiuto**, *je les refuse*	(**gli danno** : familier)

Avec préposition	Réfléchis
a me, *à moi*	**mi lavo**, *je me lave*
per te, *pour toi*	**ti vesti**, *tu t'habilles*
di lui, *de lui*	**si** (M et F) **prepara**, *il/elle se prépare*
da lei, *chez elle*	
con noi, *avec nous*	**ci vediamo**, *nous nous voyons*
tra voi, *entre vous*	**vi alzate**, *vous vous levez*
su loro, *sur eux*	**si** (M et F) **trovano**, *ils/elles se trouvent*

Impersonnels
y, **ci** : **ci vado domani**, *j'y vais demain*
en, **ne** : **ne voglio ancora due**, *j'en veux encore deux*

RAPPELS

• En italien le pronom sujet est le plus souvent sous-entendu.

• Les Italiens se tutoient beaucoup. Ils utilisent aussi, outre la 2e personne du pluriel, une FORME DE POLITESSE avec **Lei**, **La**, **le**, **il Suo**, **la Sua**, pronoms de la 3e personne du féminin (en général avec majuscule). L'accord se fait selon le genre réel de la personne à qui on s'adresse. Comparez : **Siete pronti ? Loro sono pronti/pronte** (selon le genre) ? tous trois traduits par *Vous êtes prêts ?* Également :

(Lei) è pronto ? *Vous êtes prêt ?* — **(Lei) è pronta ?** *Vous êtes prête ?*

La prego, mi aiuti (direct), *Je vous en prie, aidez-moi*

Le ho telefonato ieri (indirect), *Je vous ai téléphoné hier*

Ecco il Suo vestito (M) **e la Sua gonna** (F), *Voici votre tailleur et votre jupe*

10. Les chiffres

0, zero	11, undici	22, ventidue	60, sessanta
1, uno	12, dodici	23, ventitre	70, settanta
2, due	13, tredici	24, ventiquattro	80, ottanta
3, tre	14, quattordici	25, venticinque	90, novanta
4, quattro	15, quindici	26, ventisei	100, cento
5, cinque	16, sedici	27, ventisette	101, centouno
6, sei	17, diciassette	28, ventotto	102, centodue
7, sette	18, diciotto	29, ventinove	110, centodieci
8, otto	19, diciannove	30, trenta	200, duecento
9, nove	20, venti	40, quaranta	300, trecento
10, dieci	21, ventuno	50, cinquanta	1000, mille

1 001, milleuno	600 000, seicentomila
1 600, milleseicento	1 000 000, un milione
2 000, duemila	2 000 000, due milioni
3 000, tremila	600 000 000, seicento milioni
10 000, diecimila	1 000 000 000, un miliardo
100 000, centomila	2 000 000 000, due miliardi

QUELQUES APPLICATIONS

2,8 = **due virgola otto**. 10 % = **dieci per cento**
François I = **Francesco Primo**. Elisabeth II = **Elisabetta Seconda**
Louis XIV = **Luigi Quattordicesimo**
3 + 2 = 5 **tre più due uguale a cinque**
8 - 5 = 3 **otto meno cinque uguale a tre**
3 x 9 = 27 **tre per nove uguale a ventisette**
10 : 2 = 5 **dieci diviso due uguale a cinque**
Sono nato nel 1982. *Je suis né en 1982.*
il Quattrocento : le XVe siècle
il ventesimo secolo: le XXe siècle

11. L'heure (voir aussi A7)

Che ore sono ? *Quelle heure est-il ?*

Sono	3 h	**le tre (in punto)**
(horaire officiel)	3 h 05	**le tre e cinque**
	3 h 10	**le tre e dieci**
	3 h 15	**le tre e quindici/un quarto**

Sono	3h20	**le tre e venti**
(horaire officiel)	3h25	**le tre e venticinque**
	3h30	**le tre e trenta/mezzo/mezza**
	3h35	**le tre e trentacinque**

Aussi

3h40	**le quattro meno venti**	**le tre e quaranta**
3h45	**le quattro meno un quarto**	**le tre e quarantacinque**
3h50	**le quattro meno dieci**	**le tre e cinquanta**
3h55	**le quattro meno cinque**	**le tre e cinquantacinque**

RAPPELS

• L'heure en italien s'exprime toujours avec l'article **le :**
sono **le** sei = *il est six heures*

• les heures sont toujours au pluriel
sono le sette = *il est sept heures*
sauf:

è l'una	*il est une heure*
è mezzogiorno	*il est midi*
è mezzanotte	*il est minuit*

• dans les horaires officiels (avions, trains, etc.), l'heure s'exprime en entier :
18 h 45 = **le diciotto e quarantacinque**

Lexique français-italien et italien-français

Tous les mots rencontrés dans les parties A et B sont rassemblés ici dans l'ordre alphabétique. Le soulignement donne l'accent tonique lorsqu'il n'est pas régulier. Le genre des noms n'est indiqué qu'en cas de différence entre l'italien et le français. Dans ce cas, l'article figure entre parenthèses après le mot italien.

abonnement, **abbonamento**
abonner (s'), **fare un abbonamento**
abricot, **albicocca**
accepter, **accettare**
accompagner, **accompagnare**
acheter, **comprare**
addition, **conto (il)**
adresse, **indirizzo**
adresser, s', **rivolgersi**
aéroglisseur, **aliscafo**
aéroport, **aeroporto**
agence, **agenzia**
agence de presse, **agenzia stampa**
agence de voyages, **agenzia di viaggi**
agent, **vigile**
agneau, **agnello**
agréable, **gradevole**
Allemagne, **Germania**
aller, **andare**
aller (style), **stare**
aller (taille), **andare**
aller à l'étranger, **andare all'estero**
aller et retour, **andata e ritorno**
allergique, **allergico**
âllo ?, **pronto ?**
allumer…, **accendere…**
alternative, **alternativa**
amende, **multa**
ami, **amico**
amusant, **divertente**
an, année, **anno**
analyse, **analisi**
anesthésiste, **anestesista**
animal, **animale**
anniversaire, **compleanno**
annuaire, **elenco**
annuler, **annullare**
août, **agosto**
apéritif, **aperitivo**
appartement, **appartamento**
appeler, **chiamare**
après, **dopo**
architecte, **architetto**
argent, **denaro, soldi (i)**
argent (métal), **argento**
argent comptant, **contanti (i)**
armistice, **armistizio**
armoire, **armadio (l')**
arrêt de bus, **fermata (la) del bus**
arrhes, **caparra (la)**
arriver, **arrivare**
arriver, **arrivare, succedere**
article, **articolo**
ascenseur, **ascensore**
asseoir, s', **sedere, sedersi**
assez (de), **abbastanza**
assiette, **piatto (il)**
assiette creuse, **piatto fondo**
assiette plate, **il piatto piano**
assis, **seduto**
assister, **assistire**
assurance, **assicurazione**
attacher les ceintures, **allacciare le cinture**
attendre, **aspettare**
atterrir, **atterrare**
attestation, **attestazione**
aussi, **anche, così**
autocar, **pullman, corriera (la)**
automne, **autunno**
autoroute, **autostrada**
autostop, **autostop**
autre, **altro**
avance (en), **anticipo (in)**
avant, **prima**
avant-hier, **ieri l'altro**
avec, **con**
avenue, **corso (il)**
avertir, **avvertire**
avion, **aereo**
avocat, **avvocato**
avoir, **avere**
avril, **aprile**
bagage, **bagaglio**

bagage à main, **bagaglio a mano**
bagages, **bagagli**
bain, **bagno**
balcon, **balcone**
banlieue, **periferia**
banque, **banca**
barbe, **barba**
bateau, **nave (la)**
beau, **bello**
beaucoup, **molto**
besoin, **bisogno**
bière, **birra**
bijou, **gioiello**
bijouterie, **gioielleria**
bijoux fantaisie, **bigiotteria (la)**
billet, **biglietto**
blanc, **bianco**
blessé, **ferito**
boeuf, **manzo**
boire, **bere**
bon, **buono**
bon marché, **buon mercato**
bondé, **affollato**
bottes, **stivali (gli)**
boucherie, **macelleria**
bouchon, **tappo**
boulangerie, **forneria**
boulevard, **viale**
bouteille, **bottiglia**
boutique, **negozio (il)**
bras, **braccio (pl braccia)**
brosse à dents, **spazzolino (lo) da denti**
brouillard, **nebbia (la)**
bruyant, **rumoroso**
bureau (meuble), **scrittoio, scrivania (la)**
bureau (travail), **ufficio**
bureau de tourisme, **ufficio informazioni**
bureau, **ufficio**

cabine, **cabina**
cadeaux, **articoli da regalo**
café, **caffè**
café allongé, **caffè lungo**
caffé serré, **caffè ristretto**
caisse, **cassa**
caleçon, **slip**
camion, **camion**
capot, **cofano**
car, **pullman, corriera (la)**
carafe, **caraffa**
cardigan, **golf**
carrefour, **incrocio**
carré, **foulard**
carte de crédit, **carta di credito**
carte d'embarquement, **carta d'imbarco**
carte de séjour, **permesso (il) di soggiorno**
carte des vins, **carta dei vini**
carte d'identité, **carta d'identità**
carte grise, **libretto (il) di circolazione**
carte postale, **cartolina**
carte téléphonique, **scheda telefonica**
carte verte, **carta verde**
carte(restaurant), **menu (il)**
casque, **casco**
casser (se) une jambe, **rompersi una gamba**
cathédrale, **cattedrale**
cave, **la cantina**
ce, cet, **questo**
ceinture, **cintura**
cendrier, **posacenere**
centre, **centro**
centre ville, **centro città**
certificat, **certificato**
chaise, **sedia**
chaleur, **caldo (il)**
chambre, **camera, stanza**
chambre double, **camera matrimoniale**
chambres libres, **camere disponibili**
changer, **cambiare**
chantilly, **panna montata**
chapeau, **cappello**
chaque, **ogni (inv)**
charcuterie, **salumeria**
chat, **gatto**
chaud, **caldo**
chaussettes, **calze**
chaussures, **scarpe**
chef de bureau, **capufficio**
chemin, **via**
chemise, **camicia**
chèque, **assegno**
cher, **caro**
chercher, **cercare**
chien, **cane**
chirurgien, **chirurgo**
choisir, **scegliere**
ciel, **cielo**
cinema, **cinema**
citron, **limone**
citronnade, **limonata**
clé, **chiave**
client, **ospite**
clignotant, **freccia (la)**
climat, **clima (il)**
coffre, **baule**
col (montagne), **passo**

collant, **collant (il)**
coloré, **colorato**
combien, **quanto**
comme, **come**
commencer, **cominciare**
compartiment, **scompartimento**
complet, **completo**
comprendre, **capire**
comptant, au, **contanti, in**
comptoir, **banco**
concours, **concorso**
conducteur, **autista, conducente**
conduire, **guidare**
confiance, **fiducia**
connaître, **conoscere**
conseiller, **consigliare**
consommer, **consumare**
contagieux, **contagioso**
content, **contento**
contrôleur, **controllore**
conversation, **conversazione**
costume (homme), **vestito**
coton, **cotone**
couchette, **cuccetta**
couleur, **colore**
couloir, **corridoio**
coup de tonnerre, **tuono**
couple, **coppia (la)**
courir, **correre**
court, **corto**
couteau, **coltello**
coûter, **costare, venire**
couvert (temps), **coperto**
couverts, **posate (le)**
crabe, **granco/chi**
craindre, **temere**
cravate, **cravatta**
crème solaire, **crema solare**
crevettes, **gamberetti (i)**
croire, **credere**
croisière, **crociera**
cuiller, **cucchiaio (il)**
cuir, **cuoio**
cuisine, **cucina**
cuisiner, **cucinare**
culotte, **slip**
cure-dents, **stuzzicadenti**

dame, **signora**
dangereux, **pericoloso**
danser, **ballare**
débarasser la table, **sparecchiare la tavola**
débarras, **ripostiglio, lo sgabuzzino**
debout, **in piedi**
décembre, **dicembre**
déclarer qq ch, **dichiarare qualcosa**
décoller, **decollare**
décrocher, **staccare**
dedans, **dentro**
défense de stationner, **divieto (il) di sosta**
dehors, **fuori**
déjeuner (n), **pranzo**
déjeuner (v), **pranzare**
demain, **domani**
demande, **domanda**
demander, **chiedere, domandare**
dénonciation, **denuncia**
dent, **dente**
dentifrice, **dentifricio**
dentiste, **dentista**
déodorant, **deodorante**
dépanneuse, **carro (il) attrezzi**
dépasser, **sorpassare**
déplaire, **spiacere**
déplaisir, **dispiacere**
déranger, **disturbare**
derrière, **dietro**
descendre, **scendere**
déshabiller (se), **spogliarsi**
désirer, **desiderare**
désolé, **dispiacuto**
dessert, **dessert**
dessin humoristique, **vignetta (la)**
dessinateur, **disegnatore, vignettista**
deux, **due**
devant, **davanti**
devoir, **dovere**
digestif, **digestivo**
dimanche, **domenica**
dinde, **tacchino (il)**
dîner (n), **cena (la)**
dîner (v), **cenare**
dire, **dire**
direct, **diretto**
directeur, **direttore**
direction, **direzione**
discuter, **discutere**
disque, **disco**
distributeur, **distributore**
divan, **divano**
dix, **dieci**
docteur, **dottore/ssa**
documents, **documenti**
dormir, **dormire**
douane, **dogana**

doublé, **foderato**
douche, **doccia**
douter, **dubitare**
doux, **morbido**
droit, **dritto, diritto**
droite, **destra**

eau, **acqua**
eau minérale, **acqua minerale**
écharpe, **sciarpa**
éclair, **lampo**
école, **scuola**
écouter, **ascoltare**
écran, **schermo**
écrivain, **scrittore**
également, **anche**
église, **chiesa**
électricité, **elettricità**
électrique, **elettrico**
elle, **lei**
elles, **loro**
éloigné, **lontano**
émission, **trasmissione**
employé, **impiegato**
en bas, **giù, sotto**
en haut, **su, di sopra**
en, **ne**
enceinte, **incinta**
encore, **ancora**
enregistrer, **registrare**
entrée (repas), **primo (il)**
entrer, **entrare**
entrer, **entrare**
envie, **voglia**
envoyer, **mandare, spedire**
épicerie, **drogheria**
espérer, **sperare**
essayer (goût), **assaggiare**
essayer (vêtement), **provare**
essence, **benzina**
estomac, **stomaco**
et, **e**
éteindre, **spegnere**
été, **estate (l')**
étonné, **stupito**
étranger (lieu), **estero**
étranger, **staniero**
être, **essere**
étroit, **stretto**
étudiant, **studente**
euro, **euro**
évier, **lavello, lavandino**
examen, **esame**
excursion, **escursione**
excuse, **scusa**
excuser, **scusare**
expédier, **spedire**

face, **fronte**
fâché, **arrabbiato**
faim, **fame**
faire, **fare**
faire la queue, **fare la coda**
faire le plein, **fare il pieno**
fait à la main, **fatto a mano**
fatigué, **stanco**
fauteuil, **poltrona (la)**
femme, **donna**
fenêtre, **finestra**
fermer, **chiudere**
fête, **festa**
feu (circulation), **semaforo**
février, **febbraio**
fibre, **fibra**
fièvre, **febbre**
fille, **figlia**
film, **film**
fils, **figlio**
fin, **fine**
fonctionner, **funzionare**
fond, **fondo**
foudre, **fulmine (il)**
fourchette, **forchetta**
fourrière, **deposito (il)**
fourrure, **pelliccia**
fracture, **frattura**
frais, **fresco**
français, **francese**
freins, **freni**
frère, **fratello**
frigo, **il frigorifero**
froid, **freddo**
fromage, **formaggio**
fromage rapé, **formaggio grattugiato**
frontière, **frontiera**
fruits, **frutta (la)**
fumer, **fumare**

gants, **guanti**
garage, **garage/officina meccanica (l')**
garçon, **cameriere**
gare, **stazione**
garer, **parcheggiare**
garniture, **contorno**
gâteau, **dolce**
gauche, **sinistra**
gazinière, **cucina a gas**

gel, **gelo**
gendarmerie, **stazione dei carabinieri**
gens, **gente (la)**
gilet, **golf, maglia, canottiera**
gilet de corps, **maglietta**
glace, **gelato**
glace, **gelato (il)**
gorge, **gola**
grand, **grande**
grand magasin, **grande magazzino**
grêle, **grandine**
grenier, **la soffitta**
grève, **sciopero (lo)**
griffé, **firmato**
guéri, **guarito**
guerre, **guerra**
guichet, **sportello**

habiller, s', **vetire, vetirsi**
habiter, **abitare**
hâte, **fretta**
haut, **alto**
hebdomadaire, **settimanale**
heure, **ora**
hier, **ieri**
hiver, **inverno**
hivernal, **invernale**
homme, **uomo**
hôpital, **ospedale**
horaire, **orario**
horaire, **orario ufficiale**
hors-d'oeuvre, **antipasto**
hôtel, **hotel, albergo**
hôtesse, **hostess (la) (avion); valletta**
huile, **olio (l')**
humide, **umido**
hurler, **urlare**

ici, **qui**
il, **lui**
ils, **loro**
imbuvable, **imbevibile**
immeuble, **condominio, immobile**
impérmeable, **impermeabile**
inclinable, **inclinabile**
inclus, **incluso**
indicatif, **prefisso**
indiquer, **indicare**
infirmier/ère, **infermiere/a**
information, **informazione**
infos télévisées, **telegiornale (il)**
ingénieur, **ingegnere**
inondation, **inondazione**
insister, **insistere**
interdiction de fumer, **vietato fumare**
intéressant, **interessante**
intéressé, **interessato**
international, **internazionale**
interurbain, **interurbano**
invitation, **invito (l')**
inviter, **invitare**
italien, **italiano**
itinéraire, **itinerario**

jambon, **prosciutto**
janvier, **gennaio**
jardin, **il giardino**
je, **io**
jeter, **gettare, buttare via**
jeton, **gettone**
jeudi, **giovedì**
jeune, **giovane**
jouer, **giocare**
jouet, **giocattolo**
jour, **giorno**
journal, **giornale**
journaliste, **giornalista (il)**
journal radio, **notiziario**
journée, **giornata**
juillet, **luglio**
juin, **giugno**
jupe, **gonna**
jus, **sugo, succo**
jus de fruit, **succo di frutta**

kiosque, **edicola (l')**

lac, **lago**
laine, **lana**
laisser, **lasciare**
lait, **latte**
lapin, **coniglio**
large, **largo**
lave-linge, **lavatrice (la)**
lave-vaisselle, **lavastoviglie (la)**
laver, **lavare**
leçon, **lezione**
lecteur, **lettore**
léger, **leggero**
légumes ,**verdura (la)**
lettre, **lettera**
lever, se, **alzare, alzarsi**
libre, **libero**
ligne, **linea**
limite, **limite**

lin, **lino**
lire, **leggere**
lire, **lira**
liste d'attente, **lista d'attesa**
lit, **letto**
livre, **libro**
logement, **sistemazione (la)**
loin, **lontano**
long, **lungo**
lungo, **lontano**
louer, **affittare**
lourd, **pesante**
lumineux, **luminoso**
lundi, **lunedì**
luxueux, **lussuoso**

madame, **signora**
magasin, **negozio**
magnétoscope, **videoregistratore**
mai, **maggio**
maigre, **magro**
mairie, **municipio (il)**
maison, **casa**
malade, **ammalato**
malpoli, **maleducato**
malsain, **malsano**
manger, **mangiare**
manquer, **mancare**
manteau, **cappotto**
marchand de 4 saisons, **fruttivendolo**
marcher, **camminare**
marché, **mercato**
mardi, **martedì**
marié, **sposato**
mars, **marzo**
match, **partita (la)**
matin, **mattina (la), mattino**
mauvais (temps), **brutto**
méchant, **cattivo**
médecin, **medico**
médicament, **medicina (la)**
melon, **melone**
même, **stesso**
mensuel, **mensile**
menthe, **menta**
mentir, **mentire**
menu, **menu (a prezzo fisso)**
mer, **mare (il)**
mercredi, **mercoledì**
mère, **madre**
message, **messaggio**
meubles, **mobili**
meublé, **ammobiliato**
midi, **mezzogiorno**
mieux, **meglio**
mille, **mille**
minuit, **mezzanotte**
minute, **minuto (il)**
moins, **meno**
mois, **mese**
monnaie, **spiccioli (gli)**
monsieur, **signore**
monter, **salire**
moto, **moto**
mouchoir, **fazzoletto**
moutarde, **senape**
moyen, **mezzo**
mystère, **mistero**

nager, **nuotare**
national, **nazionale**
nausée, **nausea**
neige, **neve**
neiger, **nevicare**
nocturne, **notturno**
noël, **natale**
noir, **nero**
nom, **nome**
non-fumeurs, **non fumatori**
nous, **noi**
nouvelle (info), **notizia**
novembre, **novembre**
nuage, **nuvola (la)**
nuageux, **nuvoloso**
nuit, **notte**
numéro, **numero**

occupé, **occupato**
octobre, **ottobre**
œil, **occhio**
officiel, **ufficiale**
offre, **offerta**
opération, **operazione**
opérer, **operare**
or, **oro**
orage, **temporale**
orange, **arancia**
orange pressée, **spremuta d'arancia**
orangeade, **aranciata**
ordonnance, **ricetta**
où, **dove**
oublier, **dimenticare**
ouvert, **aperto**
ouvrir, **aprire**

pagina, **page**

pain, **pane**
paire, **paio (il)**
palourde, **vongola**
panne, **guasto (il)**
pantalon, **pantaloni, calzoni**
pantoufles, **pantofole**
papier, **carta (la)**
papiers (identité), **documenti**
parapluie, **ombrello**
parasol, **ombrellone**
parents, **genitori**
parfumerie, **profumeria**
parking, **parcheggio**
parking payant, **parcheggio a pagamento**
parler, **parlare**
parmesan rapé, **parmigiano grattugiato**
partie, **parte**
partir, **partire**
passage clouté, **passaggio pedonale**
passeport, **passaporto**
passer, **passare**
pâtes, **pasta (la)**
pâtes au four, **pasta (la) al forno**
pâtisserie, **pasticceria**
pavillon, **villa (la)**
payer, **pagare**
pêche, **pesca**
peinture, **pittura**
pendant, **durante, per**
penser, **pensare**
père, **padre**
périmé, **scaduto**
période, **periodo**
permis, **permesso**
permis de conduire, **patente (la)**
personne, **persona**
petit déjeuner, **colazione (la)**
petite assiette, **piattino (il)**
petite cuiller, **cucchiaino (il)**
peu, **poco**
peur, **paura**
phares, **fari**
pharmacie, **farmacia**
pièce, **stanza, camera**
pierre, **pietra**
piqûre, **iniezione**
place assise, **posto a sedere**
place, **posto**
plage, **spiaggia**
plaire, **piacere**
plat, **piatto**
plat (adj), **basso**
plat du jour, **piatto del giorno**
plat principal, **secondo (il)**
plâtre, **gesso**
pleurer, **piangere**
pleuvoir, **piovere**
pluie, **pioggia**
pneu, **gomma (la)**
pointure, **numero (il)**
poire, **pera**
poisson, **pesce**
poissonnerie, **pescheria**
poivre, **pepe**
pommes de terre, **patate**
pompier, **pompiere**
pont, **ponte**
port, **porto**
porte-feuille, **portafogli**
possible, **possibile**
poste (bureau de), **ufficio postale**
poste de péage, **casello di pedaggio**
pot-de-vin, **bustarella (la)**
poubelle, **pattumiera**
poulet, **pollo**
pourboire, **mancia (la)**
pouvoir, **potere**
précieux, **prezioso**
préférer, **preferire**
prendre, **prendere**
préparer, **preparare**
présentateur, **presentatore**
présentation, **presentazione**
présenter, **presentare**
presse, **stampa**
prêt, **pronto**
prévu, **previsto**
premier, **primo**
printemps, **primavera (la)**
privé, **privato**
prix, **prezzo**
prochain, **prossimo**
produit, **prodotto**
professeur, **professore/ssa**
programme, **programma (il)**
promenade, **passeggiata**
publicité, **pubblicità**
puis, **poi**
pull, **maglione**
pur, **puro**
pyjama, **pigiama**

quai, **binario**
quartier, **quartiere**
quitter, **lasciare, partire**
quotidien, **quotidiano**

raccrocher, **riattaccare**
raconter, **raccontare**
radio, **radio**
radiographie, **radiografia**
rafale, **raffica**
raison, **ragione**
rappeler (tél), **richiamare**
rayon (magasin), **reparto**
réception, **ricevimento (il)**
rêche, **ruvido**
réclamation, **reclamo (il)**
recommandation, **raccomandazione**
reconnaître, **riconoscere**
reçu, **ricevuta (la)**
refaire, **rifare**
regarder, **guardare**
rencontrer, **incontrare**
renseignement, **informazione**
rentrer, **tornare**
répéter, **ripetere**
répondeur, **segreteria (la) telefonica**
répondre, **rispondere**
réservation, **prenotazione**
responsable, **reponsabile**
restaurant, **ristorante**
rester, **stare, restare**
restoroute, **autogrill**
résultat, **risulato**
retard, **ritardo**
retourner, **tornare**
réveiller, **svegliare**
revue, **rivista**
rhume, **raffreddore**
riche, **ricco**
rire, **ridere**
robe, **abito (l'), vestito (il)**
robe de chambre, **vestaglia**
rond-point, **rotonda (la)**
rosé (vin), **rosato**
roue, **ruota**
roue de secours, **ruota di scorta**
rouge, **rosso**
route, **strada**
rue, **via**
ruelle, **vicolo (il)**
rugueux, **ruvido**

sac-à-main, **borsa (la)**
saison, **stagione**
salade de fruits, **macedonia**
salade, **insalata**
salle, **sala**
salle à manger, **la sala da pranzo**
salle de bain, **(sala da) bagno**
saluer, **salutre**
samedi, **sabato**
sandale, **sandalo (il)**
sandwich, **panino**
satellite, **satellite**
sauce, **salsa**
savoir, **sapere**
savon, **saponetta (la)**
sec, **secco**
séjour, **il soggiorno**
sel, **sale**
sens unique, **senso unico**
septembre, **settembre**
serré, **stretto**
serveuse, **cameriera**
service, **reparto (hôpital)**
serviette, **tovagliolo (il)**
servir, **servire**
seul, **solo**
seulement, **solo, soltanto**
shampooing, **shampòo**
siège, **sedile**
signifier, **significare**
silencieux, **silenzioso**
sœur, **sorella**
soie, **seta**
soif, **sete**
soir, **sera (la)**
soldes, **saldi (i)**
soleil, **sole**
sombre, **buio**
sommeil, **sonno**
sortir, **uscire**
souffrir, **soffrire**
souple, **morbido**
sous, **sotto, giù**
sous-vêtements, **biancheria intima**
soute, **bagagliaio (il)**
soutien-gorge, **reggiseno**
spécial, **spéciale**
spécialisé, **specializzato**
spécialité, **specialità**
spectacle, **spettacolo**
stable, **stabile**
standard (tél), **centralino**
station-service, **stazione di servizio**
style, **stile**
sucre, **zucchero**
supermarché, **supermercato**
supposer, **supporre**
sur, **sopra, su**

survenir, **succedere**
syndicat d'initiative, **pro loco**
synthétique, **sintetico**

T-shirt, **maglietta**
table (meuble), **tavolo (il)**
table (mise), **tavola (la)**
taille, **taglia, misura**
tailleur (femme), **vestito**
talon, **tacco**
tapis, **tappeto**
tard, **tardi**
tarte, **dolce (il)**
téléphone, **telefono**
téléphoner, **telefonare**
téléspectateur, **telespettatore**
télévision, **televisione**
tempête, **tempesta**
temps, **tempo**
tenue de soirée, **abito da sera (l')**
terrasse, **la terrazza**
tête, **testa**
thé, **té**
théâtre, **teatro**
ticket, **biglietto**
timbre, **francobollo**
timbre fiscal, **marca(la) da bollo**
timbre-poste, **francobollo**
tissu, **tessuto**
tomates, **pomodori (i)**
tort, **torto**
touriste, **turisto**
touristique, **turistico**
tousser, **tossire**
train, **treno**
transport, **trasporte**
travail, **lavoro**
travailler, **lavorare**
traversée, **traversata**
trop, **troppo**
trouver, **trovare**
tu, **tu**

un, **uno**
une émission, **trasmissione**
une, **una**
unité (tél), **scatto**
urgence, **urgenza**
urgent, **urgente**

vacance, **vacanza**
valise, **valigia**
variable, **variabile**
veau, **vitello**
vélo, **bicicletta**
vendeur, **commesso**
vendeuse, **commessa**
vendre, **vendere**
vendredi, **venerdì**
venir, **venire**
vent, **vento**
ventre, **pancia**
verglas, **ghiaccio**
vérité, **verità**
verre, **bicchiere**
veste, **giacca**
vêtements, **vestiti**
viande, **carne**
vie, **vita**
vieux, **vecchio**
villa, **villa**
village, **paese, villaggio**
ville, **città**
vin d'honneur, **rinfresco**
vin, **vino**
vinaigre, **aceto**
vitesse, **velocità**
vivre, **vivere**
voie, **via**
voir, **vedere**
voisin, **vicino**
voiture, **macchina**
voiture-lit, **vagone letto**
voiture-restaurant, **vagone ristorante**
voix, **voce**
vol numéro…,**volo numero.…**
voler, **volare**
volontiers, **volontieri**
vomir, **vomitare**
vouloir, **volere**
vous, **voi**
voyage, **viaggio**
voyageur, **passeggero, viaggiatore**
vue, **vista**

wagon-lit, **vagone letto**
wagon-restaurant, **vagone ristorante**

y, **ci**

zone d'enlèvement, **zona rimozione**
zone piétonnière, **zona pedonale**
abbastanza, **assez (de)**
abbonamento, **abonnement**
abitare, **habiter**
abito (l'), **robe**

abito da sera (l'), **tenue de soirée**
accendere..., **allumer...**
accettare, **accepter**
accompagnare, **accompagner**
aceto, **vinaigre**
acqua, **eau**
acqua minerale, **eau minérale**
aereo, **avion**
aeroporto, **aéroport**
affittare, **louer**
affollato, **bondé**
agenzia, **agence**
agenzia di viaggi, **agence de voyages**
agenzia stampa, **agence de presse**
agnello, **agneau**
agosto, **août**
albergo, **hôtel**
albicocca, **abricot**
aliscafo, **aéroglisseur**
allacciare le cinture, **attacher les ceintures**
allergico, **allergique**
alternativa, **alternative**
alto, **haut**
altro, **autre**
alzare, alzarsi, **lever, se**
amico, **ami**
ammalato, **malade**
ammobiliato, **meublé**
analisi, **analyse**
anche, **aussi**
anche, **également**
ancora, **encore**
andare all'estero, **aller à l'étranger**
andare, **aller**
andare, **aller (taille)**
andata e ritorno, **aller et retour**
anestesista, **anesthésiste**
animale, **animal**
anno, **an, année**
annullare, **annuler**
anticipo (in), **avance (en)**
antipasto, **hors-d'oeuvre**
aperitivo, **apéritif**
aperto, **ouvert**
appartamento, **appartement**
aprile, **avril**
aprire, **ouvrir**
arancia, **orange**
aranciata, **orangeade**
architetto, **architecte**
argento, **argent (métal)**
armadio (l'), **armoire**
armistizio, **armistice**
arrabiato, **fâché**
arrivare, **arriver**
articoli da regalo, **cadeaux**
articolo, **article**
ascensore, **ascenseur**
ascoltare, **écouter**
aspettare, **attendre**
assaggiare, **essayer (goût)**
assegno, **chèque**
assicurazione, **assurance**
assistire, **assister**
atterrare, **atterrir**
attestazione, **attestation**
autista, **conducteur**
autogrill, **restoroute**
autostop, **autostop**
autostrada, **autoroute**
autunno, **automne**
avere, **avoir**
avvertire, **avertir**
avvocato, **avocat**

bagagliaio (il), **soute**
bagaglio/gli, **bagage/s**
bagaglio a mano, **bagage à main**
bagno, **bain, salle de bain**
balcone, **balcon**
ballare, **danser**
banca, **banque**
banco, **comptoir**
barba, **barbe**
basso, **plat (adj)**
baule, **coffre**
bello, **beau**
benzina, **essence**
bere, **boire**
biancheria intima, **sous-vêtements**
bianco, **blanc**
bicchiere, **verre**
bicicletta, **vélo**
bigiotteria (la), **bijoux fantaisie**
biglietto, **billet, ticket**
binario, **quai**
birra, **bière**
bisogno, **besoin**
borsa (la), **sac-à-main**
bottiglia, **bouteille**
braccio (pl braccia), **bras**
brutto, **méchant, mauvais (temps)**
buio, **sombre**
buono, **bon**
buon mercato, **bon marché**
bustarella (la), **pot-de-vin**

ITALIEN-FRANÇAIS

buttare via, **jeter**

cabina, **cabine**
caffè, **café**
caffè lungo, **café allongé**
caffè ristretto, **caffé serré**
caldo (il), **chaleur**
caldo, **chaud**
calze, **chaussettes**
calzoni, **pantalon**
cambiare, **changer**
camera, **chambre, pièce**
camera matrimoniale, **chambre double**
camere disponibili, **chambres libres**
cameriera, **serveuse**
cameriere, **garçon**
camicia, **chemise**
camion, **camion**
camminare, **marcher**
cane, **chien**
canottiera, **gilet**
caparra (la), **arrhes**
capire, **comprendre**
cappello, **chapeau**
cappotto, **manteau**
capufficio, **chef de bureau**
caraffa, **carafe**
carne, **viande**
caro, **cher**
carro (il) attrezzi, **dépanneuse**
carta (la), **papier**
carta d'identità, **carte d'identité**
carta d'imbarco, **carte d'embarquement**
carta dei vini, **carte des vins**
carta di credito, **carte de crédit**
carta verde, **carte verte**
cartolina, **carte postale**
casa, **maison**
casco, **casque**
casello di pedaggio, **poste de péage**
cassa, **caisse**
cattedrale, **cathédrale**
cena (la), **dîner (n)**
cenare, **dîner (v)**
centralino, **standard (tél)**
centro, **centre**
centro città, **centre ville**
cercare, **chercher**
certificato, **certificat**
chiamare, **appeler**
chiave, **clé**
chiedere, **demander**
chiesa, **église**
chirurgo, **chirurgien**
chiudere, **fermer**
cielo, **ciel**
cinema, **cinema**
cintura, **ceinture**
città, **ville**
ci, **y**
clima (il), **climat**
cofano, **capot**
colazione (la), **petit déjeuner**
collant (il), **collant**
colorato, **coloré**
colore, **couleur**
coltello, **couteau**
come, **comme**
cominciare, **commencer**
commessa, **vendeuse**
commesso, **vendeur**
compleanno, **anniversaire**
completo, **complet**
comprare, **acheter**
concorso, **concours**
condominio, **immeuble**
conducente, **conducteur**
coniglio, **lapin**
conoscere, **connaître**
consigliare, **conseiller**
consumare, **consommer**
contagioso, **contagieux**
contanti (i), **argent comptant**
contanti, in, **comptant, au**
contento, **content**
conto (il), **addition**
con, **avec**
contorno, **garniture**
controllore, **contrôleur**
conversazione, **conversation**
coperto, **couvert (temps)**
coppia (la), **couple**
corridoio, **couloir**
corriera (la), **autocar**
corrire, **courir**
corso (il), **avenue**
corto, **court**
così, **aussi**
costare, **coûter**
cotone, **coton**
cravatta, **cravate**
credere, **croire**
crema solare, **crème solaire**
crociera, **croisière**
cuccetta, **couchette**
cucchiaino (il), **petite cuiller**

cucchiaio (il), **cuiller**
cucina a gas, **gazinière**
cucina, **cuisine**
cucinare, **cuisiner**
cuoio, **cuir**

davanti, **devant**
decollare, **décoller**
denaro, **argent**
dente, **dent**
dentifricio, **dentifrice**
dentista, **dentiste**
dentro, **dedans**
denuncia, **dénonciation**
deodorante, **déodorant**
deposito (il), **fourrière**
desiderare, **désirer**
dessert, **dessert**
destra, **droite (nom)**
dicembre, **décembre**
dichiarare qualcosa, **déclarer qq ch**
dieci, **dix**
dietro, **derrière**
digestivo, **digestif**
dimenticare, **oublier**
dire, **dire**
diretto, **direct**
direttore, **directeur**
direzione, **direction**
diritto (nom et adj.), **droit**
disco, **disque**
discutere, **discuter**
disegnatore, **dessinateur**
dispiacere, **déplaisir**
dispiacuto, **désolé**
distributore, **distributeur**
disturbare, **déranger**
divano, **divan**
divertente, **amusant**
divieto (il) di sosta, **défense de stationner**
doccia, **douche**
documenti, **documents, papiers (identité)**
dogana, **douane**
dolce (il), **tarte**
dolce, **gâteau**
domanda, **demande**
domandare, **demander**
domani, **demain**
domenica, **dimanche**
donna, **femme**
dopo, **après**
dormire, **dormir**
dottore/ssa, **docteur**
dovere, **devoir**
dove, **où**
dritto, **droit**
drogheria, **épicerie**
dubitare, **douter**
due, **deux**
durante, **pendant, durant**

edicola (l'),**kiosque**
elenco, **annuaire**
elettricità, **électricité**
elettrico, **électrique**
entrare, **entrer**
esame, **examen**
escursione, **excursion**
essere, **être**
estate (l'),**été**
e, **et**
estero, **étranger (lieu)**
euro, **euro**

fame, **faim**
fare, **faire**
fare il pieno, **faire le plein**
fare la coda, **faire la queue**
fare un abbonamento, **abonner (s')**
fari, **phares**
farmacia, **pharmacie**
fatto a mano, **fait à la main**
fazzoletto, **mouchoir**
febbraio, **février**
febbre, **fièvre**
ferito, **blessé**
fermata (la) del bus, **arrêt de bus**
festa, **fête**
fibra, **fibre**
fiducia, **confiance**
figlia, **fille**
figlio, **fils**
film, **film**
finestra, **fenêtre**
fine, **fin**
firmato, **griffé**
foderato, **doublé**
fondo, **fond**
forchetta, **fourchette**
formaggio, **fromage**
formaggio grattugiato, **fromage rapé**
forneria, **boulangerie**
foulard, **carré**
francese, **français**
francobollo, **timbre(-poste)**
fratello, **frère**
frattura, **fracture**

ITALIEN-FRANÇAIS

freccia (la), **clignotant**
freddo, **froid**
freni, **freins**
fresco, **frais**
fretta, **hâte**
fronte, **face**
frontiera, **frontière**
frutta (la), **fruits**
fruttivendolo, **marchand de 4 saisons**
fulmine (il), **foudre**
fumare, **fumer**
funzionare, **fonctionner, marcher**
fuoco, **feu**
fuori, **dehors**

gamberetti (i), **crevettes**
garage, **garage**
gatto, **chat**
gelato (il), **glace**
gelo, **gel**
genitori, **parents**
gennaio, **janvier**
gente (la), **gens (les)**
Germania, **Allemagne**
gesso, **plâtre**
gettare, **jeter**
gettone, **jeton**
ghiaccio, **verglas**
giacca, **veste**
giocare, **jouer**
giocattolo, **jouet**
gioielleria, **bijouterie**
gioiello, **bijou**
giornale, **journal**
giornalista (il), **journaliste**
giornata, **journée**
giorno, **jour**
giovane, **jeune**
giovedì, **jeudi**
giù, sotto, **en bas**
giugno, **juin**
giù, **sous**
gola, **gorge**
golf, **cardigan, gilet**
gomma (la), **pneu**
gonna, **jupe**
gradevole, **agréable**
granco/chi, **crabe/s**
grande, **grand**
grande magazzino, **grand magasin**
grandine, **grêle**
guanti, **gants**
guardare, **regarder**
guarito, **guéri**
guasto (il), **panne**
guerra, **guerre**
guidare, **conduire**

hostess (la), **hôtesse (avion)**
hotel, **hôtel**

ieri, **hier**
ieri l'altro, **avant-hier**
il frigorifero, **frigo**
il giardino, **jardin**
il piatto piano, **assiette plate**
il soggiorno, **séjour**
imbevibile, **imbuvable**
immobile, **immeuble**
impermeabile, **impérmeable**
impiegato, **employé**
incinta, **enceinte**
inclinabile, **inclinable**
incluso, **inclus**
incontrare, **rencontrer**
incrocio, **carrefour**
indicare, **indiquer**
indirizzo, **adresse**
infermiere/a, **infirmier/ère**
informazione, **information, renseignement**
ingegnere, **ingénieur**
iniezione, **piqûre**
inondazione, **inondation**
insalata, **salade**
insistere, **insister**
interessante, **intéressant**
interessato, **intéressé**
internazionale, **international**
interurbano, **interurbain**
invernale, **hivernal**
inverno, **hiver**
invitare, **inviter**
invitazione, **invitation**
invito (l'),**invitation**
in piedi, **debout**
io, **je**
italiano, **italien**
itinerario, **itinéraire**

la cantina, **cave**
lago, **lac**
lampo, **éclair**
lana, **laine**
largo, **large**
lasciare, **laisser, quitter**
latte, **lait**

lavandino, **évier**
lavare, **laver**
lavastoviglie (la), **lave-vaisselle**
lavatrice (la), **lave-linge**
lavello, **évier**
la sala da pranzo, **salle à manger**
la soffitta, **grenier**
la terrazza, **terrasse**
lavorare, **travailler**
lavoro, **travail**
leggere, **lire**
leggero, **léger**
lei, **elle**
lettera, **lettre**
lettore, **lecteur**
letto, **lit**
lezione, **leçon**
libero, **libre**
libretto (il) di circolazione, **carte grise**
libro, **livre**
limite, **limite**
limonata, **citronnade**
limone, **citron**
linea, **ligne**
lino, **lin**
lira, **lire**
lista d'attesa, **liste d'attente**
lontano, **loin**
loro, **elles, ils**
luglio, **juillet**
lui, **il**
luminoso, **lumineux**
lunedì, **lundi**
lungo, **long**
lussuoso, **luxueux**

macchina, **voiture**
macedonia, **salade de fruits**
macelleria, **boucherie**
madre, **mère**
maggio, **mai**
maglia, **gilet**
maglietta, **gilet de corps**
maglietta, **T-shirt**
maglione, **pull**
magro, **maigre**
maleducato, **malpoli, grossier**
malsano, **malsain**
mamma, **maman**
mancare, **manquer**
mancia (la), **pourboire**
mandare, **envoyer**
mangiare, **manger**
mano, **main**
manzo, **boeuf**
marca(la) da bollo, **timbre fiscal**
marciapiede, **quai**
mare (il), **mer**
martedì, **mardi**
marzo, **mars**
mattina (la), **matin**
mattino, **matin**
medicina (la), **médicament**
medico, **médecin**
meglio, **mieux**
melone, **melon**
meno, **moins**
mensile, **mensuel**
menta, **menthe**
mentire, **mentir**
menu (a prezzo fisso), **menu**
menu (il), **carte(restaurant)**
mercato, **marché**
mercoledì, **mercredi**
mese, **mois**
messaggio, **message**
mezzanotte, **minuit**
mezzo, **demi**
mezzogiorno, **midi**
mezzo, **moyen**
mille, **mille**
minuto (il), **minute**
mistero, **mystère**
misura, **taille; mesure**
mobili, **meubles**
molto, **beaucoup**
montano, **éloigné**
morbido, **doux**
morbido, **souple**
moto, **moto**
multa, **amende**
municipio (il), **mairie**

natale, **noël**
nausea, **nausée**
nave (la), **bateau**
nazionale, **national**
nebbia (la), **brouillard**
negozio (il), **boutique**
ne, **en**
negozio, **magasin**
nero, **noir**
neve, **neige**
nevicare, **neiger**
noi, **nous**
nome, **nom**

non fumatori, **non-fumeurs**
notiziario, **journal radio**
notizia, **nouvelle (info)**
notte, **nuit**
notturno, **nocturne**
novembre, **novembre**
numero (il), **pointure, numéro**
nuotare, **nager**
nuvola (la), **nuage**
nuvoloso, **nuageux**

occhio, **œil**
occupato, **occupé**
offerta, **offre**
officina meccanica (l'),**garage**
ogni (inv), **chaque**
olio (l'),**huile**
ombrello, **parapluie**
ombrellone, **parasol**
operare, **opérer**
operazione, **opération**
ora, **heure**
orario, **horaire**
orario ufficiale, **horaire officiel**
oro, **or**
ospedale, **hôpital**
ospite, **client**
ottobre, **octobre**

padre, **père**
paese, **pays; village**
pagare, **payer**
page, **pagina**
paio (il), **paire**
pancia, **ventre**
pane, **pain**
panino, **sandwich**
panna montata, **chantilly**
pantaloni, **pantalon**
pantofole, **pantoufles**
papà, **papa**
parcheggiare, **garer**
parcheggio a pagamento, **parking payant**
parcheggio, **parking**
parlare, **parler**
parmigiano grattugiato, **parmesan rapé**
parte, **partie**
partire, **partir**
partire, **partir, quitter**
partita (la), **match**
passaggio pedonale, **passage clouté**
passaporto, **passeport**
passare, **passer**
passeggero, **passager, voyageur**
passeggiata, **promenade**
passo, **col (montagne)**
pasta (la) al forno, **pâtes au four**
pasta (la), **pâtes**
pasticceria, **pâtisserie**
patate, **pommes de terre**
patente (la), **permis de conduire**
pattumiera, **poubelle**
paura, **peur**
pelliccia, **fourrure**
pensare, **penser**
pepe, **poivre**
pericoloso, **dangereux**
periferia, **banlieue**
permesso (il) di soggiorno, **carte de séjour**
per, **pendant**
pera, **poire**
periodo, **période**
permesso, **permis**
persona, **personne**
pesante, **lourd**
pesca, **pêche**
pesce, **poisson**
pescheria, **poissonnerie**
piacere, **plaire**
piangere, **pleurer**
piattino (il), **petite assiette**
piatto (il), **assiette**
piatto del giorno, **plat du jour**
piatto fondo, **assiette creuse**
piatto, **plat**
pietra, **pierre**
pigiama, **pyjama**
pioggia, **pluie**
piovere, **pleuvoir**
pittura, **peinture**
poco, **peu**
poi, **puis**
pollo, **poulet**
poltrona (la), **fauteuil**
pomodori (i), **tomates**
pompiere, **pompier**
ponte, **pont**
portafogli, **porte-feuille**
porto, **port**
posacenere, **cendrier**
posate (le), **couverts**
possibile, **possible**
posto a sedere, **place assise**
posto, **place**
potere, **pouvoir**

pranzare, **déjeuner (v)**
pranzo, **déjeuner (n)**
preferire, **préférer**
prefisso, **indicatif**
prendere, **prendre**
prenotazione, **réservation**
preparare, **préparer**
presentare, **présenter**
presentatore, **présentateur**
presentazione, **présentation**
previsto, **prévu**
prezioso, **précieux**
prezzo, **prix**
primavera (la), **printemps**
prima, **avant**
primo (il), **entrée (repas)**
primo, **premier**
privato, **privé**
pronto ?,**âllo ?**
prosciutto, **jambon**
provare, **essayer (vêtement)**
pro loco, **syndicat d'initiative**
prodotto, **produit**
professore/ssa, **professeur**
profumeria, **parfumerie**
programma (il), **programme**
pronto, **prêt**
prossimo, **prochain**
pubblicità, **publicité**
pullman, **autocar**
pullman, corriera (la), **car**
puro, **pur**

quanto, **combien**
quartiere, **quartier**
questo, **ce, cet**
qui, **ici**
quotidiano, **quotidien**

raccomandazione, **recommandation**
raccontare, **raconter**
radio, **radio**
radiografia, **radiographie**
raffica, **rafale**
raffreddore, **rhume**
ragione, **raison**
reclamo (il), **réclamation**
regalo, **cadeau**
reggiseno, **soutien-gorge**
registrare, **enregistrer**
reparto (hôpital), **service**
reparto, **rayon (magasin)**
reponsabile, **responsable**
restare, **rester**
riattaccare, **raccrocher**
ricco, **riche**
ricetta, **ordonnance**
ricevimento (il), **réception**
ricevuta (la), **reçu**
richiamare, **rappeler (tél)**
riconoscere, **reconnaître**
ridere, **rire**
rifare, **refaire**
rinfresco, **vin d'honneur**
ripetere, **répéter**
ripostiglio, **débarras**
rispondere, **répondre**
ristorante, **restaurant**
risultato, **résultat**
ritardo, **retard**
ritorno, **retour**
rivista, **revue**
rivolgersi, **adresser, s'**
rompersi una gamba, **casser (se) une jambe**
rosato, **rosé (vin)**
rosso, **rouge**
rotonda (la), **rond-point**
rumoroso, **bruyant**
ruota di scorta, **roue de secours**
ruota, **roue**
ruvido, **rêche, rugueux**

sabato, **samedi**
sala, **salle**
(sala da) bagno, **salle de bain**
saldi (i), **soldes**
sale, **sel**
salire, **monter**
salsa, **sauce**
salumeria, **charcuterie**
salutare, **saluer**
sandalo (il), **sandale**
sandali, **sandales**
sapere, **savoir**
saponetta (la), **savon**
satellite, **satellite**
scaduto, **périmé**
scarpe, **chaussures**
scatto, **unité (tél)**
scegliere, **choisir**
scendere, **descendre**
scheda telefonica, **carte téléphonique**
schermo, **écran**
sciarpa, **écharpe**
sciopero (lo), **grève**

ITALIEN-FRANÇAIS

scompartimento, **compartiment**
scrittoio, **bureau (meuble)**
scrittore, **écrivain**
scrivania (la), **bureau (meuble)**
scuola, **école**
scusa, **excuse**
scusare, **excuser**
secco, **sec**
secondo (il), **plat principal**
sedere, sedersi, **asseoir, s'**
sedia, **chaise**
sedile, **siège**
seduto, **assis**
segreteria (la) telefonica, **répondeur**
semaforo, **feu (circulation)**
senape, **moutarde**
senso unico, **sens unique**
sera (la), **soir**
servire, **servir**
seta, **soie**
sete, **soif**
settembre, **septembre**
settimanale, **hebdomadaire**
sgabuzzino, **débarras**
shampòo, **shampooing**
significare, **signifier**
signora, **dame, madame**
signore, **monsieur**
silenzioso, **silencieux**
sinistra, **gauche**
sintetico, **synthétique**
sistemazione (la), **logement**
slip, **caleçon, culotte**
soffrire, **souffrir**
soldi (i), **argent**
sole, **soleil**
solo, **seul; seulement (adv.)**
soltanto, **seulement**
sonno, **sommeil**
sopra, **sur**
sorella, **sœur**
sorpassare, **dépasser**
sotto, **sous**
sparecchiare la tavola, **débarasser la table**
spazzolino (lo) da denti, **brosse à dents**
spéciale, **spécial**
specialità, **spécialité**
specializzato, **spécialisé**
spedire, **envoyer, expédier**
spegnere, **éteindre**
sperare, **espérer**
spettacolo, **spectacle**
spiacere, **déplaire**
spiaggia, **plage**
spiccioli (gli), **monnaie**
spogliarsi, **déshabiller (se)**
sportello, **guichet**
sposato, **marié**
spremuta d'arancia, **orange pressée**
stabile, **stable**
staccare, **décrocher**
stagione, **saison**
stampa, **presse**
stanco, **fatigué**
straniero, **étranger**
stanza, **pièce, chambre**
stare, **aller (style)**
stare, **rester,** ***êtres***
stazione dei carabinieri, **gendarmerie**
stazione di servizio, **station-service**
stazione, **gare**
stesso, **même**
stile, **style**
stivali (gli), **bottes**
stomaco, **estomac**
strada, **route**
stretto, **étroit**
stretto, **serré**
studente, **étudian**
stupito, **étonné**
stuzzicadenti, **cure-dents**
su, di sopra, **en haut**
succedere, **arriver**
succo di frutta, **jus de fruit**
sugo, **jus, sauce**
supermercato, **supermarché**
supporre, **supposer**
su, **sur**
succedere, **survenir**
svegliare, **réveiller**

tacchino (il), **dinde**
tacco, **talon**
taglia, **taille**
tappetto, **tapis**
tappo, **bouchon**
tardi, **tard**
tavola (la), **table (mise)**
tavolo (il), **table (meuble)**
teatro, **théâtre**
telefonare, **téléphoner**
telefono, **téléphone**
telegiornale (il), **infos télévisées**
telespettatore, **téléspectateur**
televisione, **télévision**
temere, **craindre**

tempesta, **tempête**
temporale, **orage**
tempo, **temps**
tessuto, **tissu**
testa, **tête**
té, **thé**
tornare, **rentrer**
tornare, **retourner**
torto, **tort**
tossire, **tousser**
tovagliolo (il), **serviette**
trasmissione, **émission**
trasmissione, **émission, transmission**
trasporte, **transport**
traversata, **traversée**
treno, **train**
troppo, **trop**
trovare, **trouver**
tuono, **coup de tonnerre**
turistico, **touristique**
turista, **touriste**
tu, **tu**

ufficiale, **officiel**
ufficio, **bureau (lieu de travail)**
ufficio informazioni, **bureau de tourisme**
ufficio postale, **poste (bureau de)**
umido, **humide**
una, **une**
uno, **un**
uomo, **homme**
urgente, **urgent**
urgenza, **urgence**
urlare, **hurler**
uscire, **sortir**
uscire, **sortir**

vacanza, **vacance**
vagone letto, **voiture (wagon)-lit**
vagone ristorante, **voiture (wagon)-restaurant**
valigia, **valise**
valletta, **hôtesse**
variabile, **variable**
vecchio, **vieux**
vedere, **voir**
velocità, **vitesse**
vendere, **vendre**
venerdì, **vendredi**
venire, **venir**
venire, **venir; coûter**
vento, **vent**
verdura (la), **légumes**
verità, **vérité**
vestaglia, **robe de chambre**
vestiti, **vêtements**
vestito (il), **robe**
vestito, **costume (homme)**
vestito, **tailleur (femme)**
vetire, vetirsi, **habiller, s'**
via (la), **chemin**
viale, **boulevard**
via, **rue**
via, **voie**
viaggiatore, **voyageur**
viaggio, **voyage**
vicino, **voisin**
vicolo (il), ruelle
videoregistratore, **magnétoscope**
vietato fumare, **interdiction de fumer**
vignetta (la), **dessin humoristique**
vigile, **agent**
vignettista, **dessinateur**
villa (la), **pavillon**
villa, **villa**
villaggio, **village**
vino, **vin**
vista, **vue**
vita, **vie**
vitello, **veau**
vivere, **vivre**
voce, **voix**
voglia, **envi**
voi, **vous**
volare, **voler**
volere, **vouloir**
volo numero...., **vol numéro....**
volontieri, **volontiers**
vomitare, **vomir**
vongola, **palourde**

zona pedonale, **zone piétonnière**
zona rimozione, **zone d'enlèvement**
zucchero, **sucre**

Langues pour tous

Collection dirigée par Jean-Pierre Berman, Michel Marcheteau et Michel Savio

ITALIEN

□ Pour débuter ou tout revoir
- **40 leçons pour parler italien** (CD)

□ Pour se perfectionner et connaître l'environnement :
- **Se perfectionner en italien** (CD)

□ Pour se débrouiller rapidement :
- **L'italien tout de suite !** (CD)
- **L'italien tout de suite 100 % audio « mains libres »** (CD)

□ Pour évaluer et améliorer votre niveau :
- **200 tests pour progresser en italien**

□ Pour aborder la langue spécialisée :
- **L'italien économique et commercial**
- **Vocabulaire de l'italien commercial**

□ Pour s'aider d'ouvrages de référence :
- **Grammaire italienne pour tous**
- **Vocabulaire de l'italien moderne**

□ Pour prendre contact avec des œuvres en version originale :
- **Série bilingue :**

- **Nouvelles □ □ D. Buzzatti**
- **Nouvelles italiennes d'aujourd'hui □ □**
  V. Brancati, D. Buzzati, I. Calvino, G. Celati, A. Moravia, L. Pirandello, L. Sciascia.
- **Nouvelles italiennes contemporaines □ □ □**
  I. Svevo, E. Vittorini, T. Landolfi, etc.
- **Dix auteurs classiques italiens**

- **Série Version Originale**
  Primo Levi : Cinque Racconti (CD)

(CD) = Existence d'un coffret : Livre + (CD)

Attention : Les CD ne peuvent être vendus séparément du livre.

➡ Le livre seul est disponible (sauf dans la collection Version Originale).

Autres langues disponibles dans les séries de la collection **Les langues pour tous :**
ALLEMAND - ANGLAIS - AMÉRICAIN - ARABE - CHINOIS - CORÉEN - FRANÇAIS GREC - HÉBREU - ITALIEN - JAPONAIS - LATIN - NÉERLANDAIS - OCCITAN POLONAIS - PORTUGAIS - RUSSE - TCHÈQUE - TURC - VIETNAMIEN

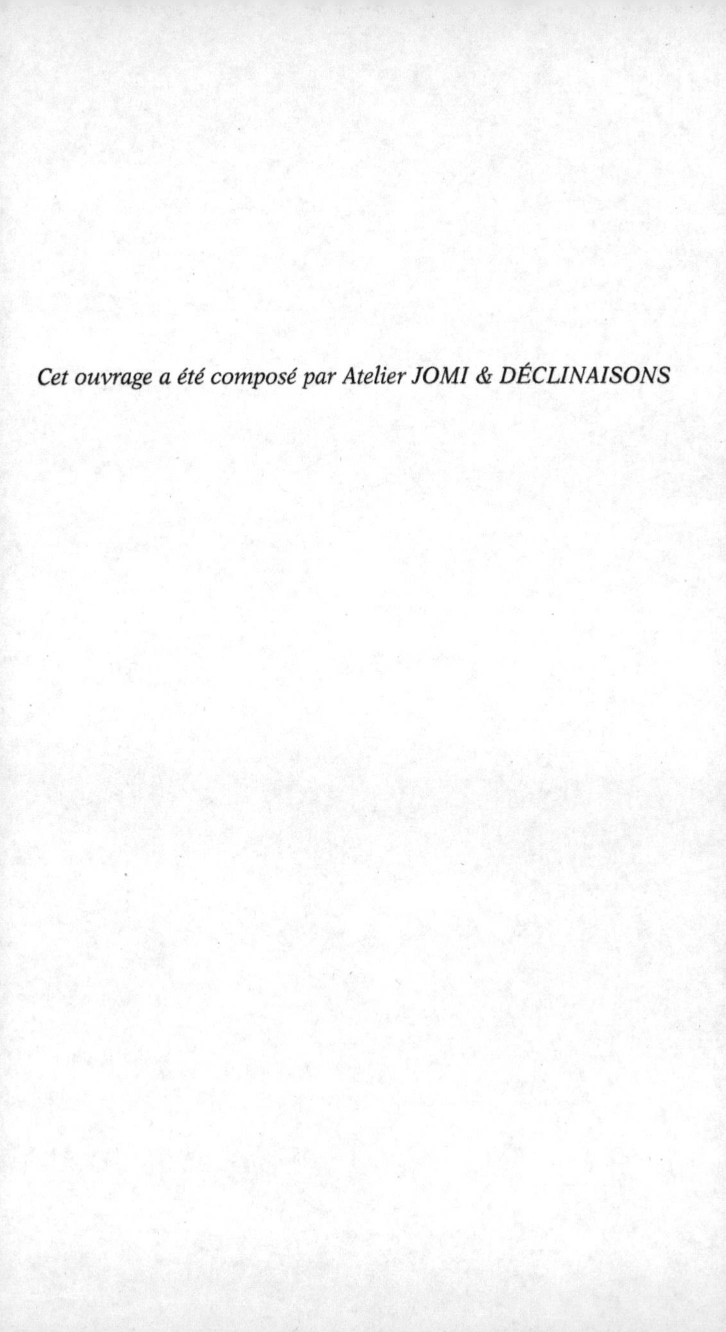

Cet ouvrage a été composé par Atelier JOMI & DÉCLINAISONS

Imprimé en France par CPI
en mars 2017

Pocket, une marque d'Univers Poche,
est un éditeur qui s'engage pour
la préservation de son environnement
et qui utilise du papier fabriqué à partir
de bois provenant de forêts gérées
de manière responsable.

POCKET - 12, avenue d'Italie - 75627 Paris Cedex 13

N° d'impression : 2028631
Dépôt légal : juin 1993
S17002/11